CDブック 耳で覚える

# はじめての英語
# 単語集

桑原功次 著

ナツメ社

# ゆったり無理なく
# マスターしよう

● はじめに

　英語を話すには、必要な単語を正しい発音で、それを順序よく話すことが大切です。

　また、練習を長続きさせるためには、一生懸命に集中することも大事ですが、好きなときに好きなだけやるということも同じように必要なことなのです。ゆったりとした気持ちでのんびりやっても、わき目もふらずに学習するのと同じ効果をあげることはできるのです。

　この本では、日常の英会話に必要な単語を「場面別」「項目別」にむだなく選んで載せてあります。さらに、会話にもその単語がすぐに使えるように応用が可能な例文をたくさん入れてあります。

　必要な単語だけを無理なく覚えて簡単に使う、そんなことを考えてまとめてみました。みなさまのお役に立てば幸いです。

　なお、この本は「ＣＤブック　耳で覚えるはじめての英語」（ナツメ社刊）の単語編として役立てていただければ、より楽しく英会話をマスターすることができると思います。

　Have a nice time！

　　　　　　　　　　　　　　　　　　　　　　　著　者

# はじめての英語単語集・もくじ

*■はCD1、■はCD2になります。

## 第1章 英語の基礎知識

発音のコツ ——————————————— 8
英会話・話し方のコツ ————————— 10
よく使う動詞一覧表 ——————————— 12
★日本人の不思議 ———————————— 14

**CD1-2〜11**

## 第2章 話す

あいさつ ２ ——————— 16
人の呼び方 ３ ——————— 18
家族・親戚の呼び方 ４ —— 20
いろいろな人 ５ ——————— 22
気持ちを表現する① ６ —— 24
気持ちを表現する② ７ —— 26
気持ちを表現する③ ８ —— 28
尋ねる・願う・承諾する・断る ９
———————————— 30
電話をかける 10 ——————— 32
つなぎの言葉 11 ——————— 34
★英文手紙の書き方 ————— 36

**CD1-12〜42**

## 第3章 日常生活

[生活]
一日の行動 12 ——————— 38
家事・育児 13 ——————— 40
恋愛・結婚 14 ——————— 42

| | | | |
|---|---|---|---|
| お祝い・行事 | 15 | — | 44 |
| 宗教・祝祭日 | 16 | — | 46 |

[着る]

| | | | |
|---|---|---|---|
| 衣服 | 17 | — | 48 |
| 下着・履物 | 18 | — | 50 |
| 小物・アクセサリー | 19 | — | 52 |
| ベビー・子ども用品 | 20 | — | 54 |
| 衣服の各部名称 | 21 | — | 56 |
| ファッション | 22 | — | 58 |

[食べる]

| | | | |
|---|---|---|---|
| 食事をする | 23 | — | 60 |
| 味を表現する | 24 | — | 62 |
| 料理名 | 25 | — | 64 |
| 調理法 | 26 | — | 66 |
| 野菜 | 27 | — | 68 |
| 肉 | 28 | — | 70 |
| 魚介類 | 29 | — | 72 |
| 豆製品・乳製品・油 | 30 | — | 74 |
| 果物・菓子 | 31 | — | 76 |
| 飲み物 | 32 | — | 78 |
| 調味料・香辛料 | 33 | — | 80 |
| 飲食店・食料品店 | 34 | — | 82 |
| レストラン | 35 | — | 84 |
| 食器・調理器具 | 36 | — | 86 |

[住む]

| | | | |
|---|---|---|---|
| 不動産 | 37 | — | 88 |
| 家の種類と各部名称 | 38 | — | 90 |
| 部屋の名前 | 39 | — | 92 |
| 家具・寝具 | 40 | — | 94 |
| インテリア | 41 | — | 96 |
| 家電製品 | 42 | — | 98 |

★テーブルマナー
これくらいで大丈夫 ———— 100

**CD1-43～CD2-10**

# 第4章 行動・趣味

[行動]

| | | | |
|---|---|---|---|
| 車に乗る① | 43 | — | 102 |
| 車に乗る② | 44 | — | 104 |
| バス・タクシーに乗る | 45 | — | 106 |
| 電車に乗る | 46 | — | 108 |
| 飛行機に乗る | 47 | — | 110 |
| 街を散歩 | 48 | — | 112 |
| ショッピング | 49 | — | 114 |
| ホテル | 1 | — | 116 |
| 銀行・郵便局 | 2 | — | 118 |

[趣味]

| | | | |
|---|---|---|---|
| 旅行 | 3 | — | 120 |

| | | | |
|---|---|---|---|
| スポーツ 4 | 122 | 絵画・写真 9 | 132 |
| アウトドア 5 | 124 | 娯楽・趣味 10 | 134 |
| 音楽 6 | 126 | ★レディーファースト | |
| 映画・演劇 7 | 128 | これだけは気をつけよう | 136 |
| 文学 8 | 130 | | |

**CD2-11～22**

## 第5章 学ぶ・働く

[学ぶ]

| | | | |
|---|---|---|---|
| 学校① 11 | 138 | 役職 17 | 150 |
| 学校② 12 | 140 | 職場で 18 | 152 |
| 学科・学問 13 | 142 | 政治・経済 19 | 154 |
| 文房具 14 | 144 | 法律 20 | 156 |

[働く]

| | | | |
|---|---|---|---|
| | | 金融 21 | 158 |
| ＯＡ機器 15 | 146 | マスコミ 22 | 160 |
| 職種 16 | 148 | ★海外のボディランゲージ | 162 |

**CD2-23～33**

## 第6章 身近な言葉

| | | | |
|---|---|---|---|
| 日にち・曜日・時間 23 | 164 | 形・大きさ・質 29 | 176 |
| 季節・月 24 | 166 | お金 30 | 178 |
| 単位 25 | 168 | 国名・地名 31 | 180 |
| 方向 26 | 170 | からだ 32 | 182 |
| 順番 27 | 172 | からだの働き 33 | 184 |
| 色 28 | 174 | ★誤解を招く日本人のしぐさ | 186 |

**CD2-34〜42**

## 第7章 自然の生き物と環境

**[生き物]**

ペット 34 —————— 188
動物 35 —————— 190
水の生き物 36 —————— 192
鳥・虫 37 —————— 194
木 38 —————— 196

花 39 —————— 198
**[環境]**
環境 40 —————— 200
気象 41 —————— 202
宇宙 42 —————— 204
★動物の鳴き声の違い —— 206

**CD2-43〜47**

## 第8章 病気とトラブル

**[病気]**

病院 43 —————— 208
病気の症状 44 —————— 210
病気のケガの名称 45 —— 212

薬 46 —————— 214
**[トラブル]**
トラブル 47 —————— 216

さくいん ————————————————— 218

■英語ナレーター　　大島　知
　　　　　　　　　ジュリア・ヤマコフ
■日本語ナレーター　矢嶋　美保
■録音　　　　　　　中録サービス㈱

■イラスト　さとう　久美
　　　　　　種田　瑞子
　　　　　　ツグヲ・ホン多
　　　　　　藤田　ヒロコ
■編集協力　㈱文研ユニオン

## ＜本書の特徴と使い方＞

**構　成**　本書は8章で構成されています。第1章では基本的な文字や発音について説明し、第2章から第8章までは「話す」「日常生活」「行動・趣味」「学ぶ・働く」「身近な言葉」「自然の生き物と環境」「病気とトラブル」の7つのテーマに大きく分類し、よく使われる単語を掲載しています。各テーマの中ではさらにそれぞれ項目別に細かく分類してあるので、目的の単語や類語を覚えるのに大変便利です。

**単　語**　各項目で最も重要な「基本単語」20語を厳選し、必要に応じて「関連単語」や実際に会話で活用できる「文例」を掲載してあります。単語は、会話をするときにすぐ役立つように、普段の生活に密着したものを中心に選んであります。また、約3000語の単語にはすべてカタカナで読み方がつけてあるので、初心者にも大変使いやすくなっています。

**コラム**　各項目に関係のあるミニ知識や単語の補足説明を入れるなど、充実した内容になっています。

**Ｃ　Ｄ**　各項目のタイトルの後に、基本単語と関連単語＆文例を続けて収録してあります。発音記号やフリガナをつけてありますが、これらはあくまでも目安なので、正しい発音はＣＤを聞きながら、いっしょに練習してください。

**さくいん**　基本単語と関連単語に掲載した約3000語が、50音順にすべて網羅されています。知りたい単語を日本語から引くことができるので、辞書的に利用することができます。

**Basics**

# 英語の
# 基本知識

## *Basic Knowledge*

第 **1** 章

# 発音のコツ

　日本語にはない音を出すにはコツがあります。次のようにすると楽に発音できるはずです。

### （r音とl音）

　日本語の「ラリルレロ」は、l の音になります。r と口の形は同じですが、舌を上あごにつけずに言えばよいのです。最初に「ウ」と言って発音するのがコツです。

&lt;例&gt;**light [láit]**（光）
　　ライト
　　日本語の「ラ」と言うと l 音になる

&lt;例&gt;**right [ráit]**（右）
　　ライト
　　舌を上あごにつけずに「ラ」と言うと r 音になる

### （v音とb音とf音）

　日本語の「バビブベボ」は、b の音になります。上の歯と下唇をつけて言うと v の音になります。

&lt;例&gt;**bed [béd]**（ベッド）
　　ベッド
　　日本語の「ベ」と言うと b 音になる

&lt;例&gt;**van [vǽn]**（バン）
　　ヴァン
　　上の歯と下唇をつけて「バ」と言うと v 音になる

f 音は、v 音のように上の歯と下唇をつけるのですが、そこから濁らずに、日本語の「ハヒフヘホ」を言うようにすればよいのです。

＜例＞**height [**háit**]**（高さ）
　　　日本語の「ハ(ハイト)」と言うと h 音になる

＜例＞**fight [**fáit**]**（戦う）
　　　上の歯と下唇をつけて「ハ(ファイト)」と言うと f 音になる

## th音

舌を軽く歯にあてて、日本語の「サシスセソ」を言うと、**th** 音が出ます。それを「ザジズゼゾ」にすれば **th** の濁音となります。

＜例＞**thank [**θǽnk**]**（感謝する）
　　　舌を歯にあてて「サ(サンク)」と言うと **th** の音になる

＜例＞**than [**ðǽn**]**（〜よりも）
　　　舌を歯にあてて「ザ(ザン)」と言うと **th** の濁音になる

# 英会話・話し方のコツ

## 結論を先に言ってしまう

　英語の文は、S＋V、S＋V＋C、S＋V＋O、S＋V＋O＋O、S＋V＋O＋Cという、5つの型に分けられます。

　ここで注目しなくてはならないのが、最初は必ず「S＋V」ということです。どんな英語の文章も、まず初めにS（主語）、その次にV（動詞）の順で話せばよい、ということになります。

　日本語では結論が先送りにされて、一番最後になってしまいます。たとえば、次の表現を比べてみましょう。

＜日本文＞私は昨日、友だちと地下鉄で銀座へ行きました。

＜英文＞**I went to Ginza** with my friend by subway yesterday.

　日本文では、「私」が何をしたのか最後までわかりません。ところが、英文では、話し始めたとたんに「銀座へ行った」ということがわかってしまいます。これが日本語と英語の違いの最大のポイントでしょう。

　ですから、英語を話す場合は、「私」の次に何をしたのか、何をするのか、するつもりでいるのかを言うように心がけることが大切です。

　最初は途中で何回区切って話してもかまわないので、大切な事柄から順に言ってみましょう。

## 言いたいところを強く言う

英語では、どこを強く発音するかによって、意味が違ってきます。たとえば、**I love you.** という表現でも、どの単語を強く発音するかによって下の例のように違いが出てきます。

自分が大切に思っていること、強調したい部分、それを強く言わなくてはならないのです。自分を主張しなくては英語はなかなか上達しないというわけは、こんなところにもあります。

ほかのだれでもないあなたを愛しているのは、この「私」です

私はもう好きというのを通り越して、あなたを「愛している」のです

私が愛しているのはほかのだれでもない「あなた」なのです

## 聞き取りのポイント

話し方のコツというのは、同時に英語の「聞き取りのコツ」でもあります。なぜなら、相手は話の初めに「自分は〜をした」などと結論を言っているので、まずそこに集中して聞くことが全体を理解する上でとても大切になるからです。

そして、ほかより強く言っている部分が相手が一番言いたいところなので、それをしっかりと聞き取ることが重要です。

# よく使う動詞一覧表

■不規則動詞

| 意味 | 原形 | 過去形 | 過去分詞形 |
|---|---|---|---|
| 会う | meet | met | met |
| 与える | give | gave | given |
| 言う | say | said [sed] | said [sed] |
| 行く | go | went | gone |
| 歌う | sing | sang | sung |
| 売る | sell | sold | sold |
| 運転する | drive | drove | driven |
| 得る | get | got | got／gotten |
| 送る | send | sent | sent |
| 買う | buy | bought | bought |
| 書く | write | wrote | written |
| 貸す | lend | lent | lent |
| 考える | think | thought | thought |
| 聞く | hear | heard [həːd] | heard [həːd] |
| 着る | wear | wore | worn |
| 来る | come | came | come |
| 去る | leave | left | left |
| 示す | show | showed | shown |
| 知る | know | knew | known |
| する | do | did | done |
| 座る | sit | sat | sat |
| 建てる | build | built | built |
| 食べる | eat | ate | eaten |
| 作る | make | made | made |

| 意味 | 原形 | 過去形 | 過去分詞形 |
|---|---|---|---|
| 告げる | tell | told | told |
| 取る | take | took | taken |
| 飲む | drink | drank | drunk |
| 始める | begin | began | begun |
| 話す | speak | spoke | spoken |
| 見つける | find | found | found |
| 見る | see | saw | seen |
| 持つ | have | had | had |
| 読む | read | read [red] | read [red] |
| 理解する | understand | understood | understood |
| 忘れる | forget | forgot | forgot/forgotten |

■規則動詞

| 意味 | 原形 | 過去形・過去分詞形 |
|---|---|---|
| 遊ぶ | play | played [-d] |
| 受け取る | accept | accepted [-id] |
| 起こる | happen | happened [-d] |
| くり返す | repeat | repeated [-id] |
| 賛成する | agree | agreed [-d] |
| 調べる | check | checked [-t] |
| 信じる | believe | believed [-d] |
| 心配する | worry | worried [-d] |
| 推薦する | recommend | recommended [-id] |
| 尋ねる | ask | asked [-t] |
| 楽しむ | enjoy | enjoyed [-d] |
| 望む・欲する | want | wanted [-id] |
| 働く | work | worked [-t] |
| 必要とする | need | needed [-id] |
| 戻る | return | returned [-d] |

英語の基本知識

桑原MEMO

## 日本人の不思議

外国人は日本人のこんなことを不思議に思っているのです。

### ①困ると笑う

 困っている場合に笑うのは、おかしいのではないか

### ②目を見ないで話をする

 ウソをついているのか、自分をバカにしているのか、何かをごまかそうとしているのだろうか

### ③ぶつかっても何も言わない

 ちょっとからだが触れ合っても、Excuse me.（すみません）くらいは言ってほしい

### ④他人の行き先を聞きたがる

 Where're you going ?（どちらにお出かけですか）と聞かれる。なぜそんなことを聞くのか。何度もしつこく聞かれるとIt's none of your business.（お前の知ったことか）と言いたくなる

# Basics

## 第2章

# 話す
## *Talking*

# 話す あいさつ

| おはよう | Good morning. | gu(d)mɔːnɪŋ<br>グッ モーニン |
|---|---|---|
| こんにちは | Good afternoon. | gu(d)æftənuːn<br>グッダフタヌーン |
| こんばんは | Good evening. | gudiːvnɪŋ<br>グッディーヴニン |
| おやすみなさい | Good night. | gu(d)naɪt<br>グッナイ |
| 元気ですか？ | How are you ? | hau aː ju<br>ハウ アー ユー |
| やあ！ | Hi ! | hái<br>ハアーイ |
| お元気でしたか？ | How have you been ? | hau hæv ju bɪn<br>ハウ ハヴユー ビーン |
| すみません | Excuse me. | ɪkskjuːz mi<br>イクスキューズ ミー |
| ごめんなさい | I'm sorry. | aɪm sari<br>アイム ソーリー |
| いいんですよ | That's all right. | ðæts ɔːl raɪt<br>ザッツ オーライ |

## Column　欧米流正しい握手マナー

　あいさつのことは、**greetings**と言います。私たちのあいさつとは違って、欧米では握手（**shake hands**）をしたり、ときには軽く抱き合ったり（**hug**）、キス（**kiss**）をしたりします。

　握手をするときは、相手の目をしっかりと見て背すじをまっすぐに伸ばしてしなければなりません。男同士の場合には、少し強めに握って2〜3回振るのが普通です。男性が、恥ずかしそうに、しかも軽く握りナヨナヨするとゲイ（同性愛者：**gay**）と間違われるかもしれません。私たちのなにげない行動が、思わぬ誤解を招くこともあるので、注意が必要です。

　また、男性は女性が手を出さないうちに握手を求めてはいけないことになっています。

# Greetings

| | | |
|---|---|---|
| ありがとう | Thank you. | θæŋk ju<br>サンキュー |
| どういたしまして | You're welcome. | juə welkəm<br>ユア ウエルカム |
| はじめまして | How do you do ? | hau duː ju duː<br>ハウ ドゥー ユー ドゥー |
| よろしく | Nice to meet you. | naıs tu miːt ju<br>ナイス トゥー ミー チュー |
| ようこそ | Welcome. | wélkəm<br>ウエルカム |
| こちらこそ | My pleasure. | maı pleʒə<br>マイ プレジャア |
| 行ってきます | I'm leaving. | aım liːvıŋ<br>アイム リーヴィン |
| ただいま！ | I'm home ! | aım houm<br>アイム ホーム |
| さようなら | Good-by. | gù(d)báı<br>グッバイ |
| 気をつけて | Take care. | teık keə<br>テイク ケア |

話す

### 関連文例

[親しい友人へのあいさつ]
**What's up ?** どうしてる、元気？
**How's everything ?** 調子はどう？
**Everything is fine.** 調子はいいよ。
**What's wrong with you ?** どうしたの？
**I have a cold.** 風邪をひきました。

[ていねいに言いたいとき] 男性にはsir,女性にはma'amをつける
**Good morning, sir.** おはようございます。
**Good night, ma'am. (ma'am＝madam)** おやすみなさいませ。

## 話す 人の呼び方

| 私 | I | aɪ / アイ |
|---|---|---|
| あなた | you | ju / ユー |
| 彼 | he | (h)i / ヒー |
| 彼女 | she | ʃi / シー |
| 私たち | we | wi / ウイ |
| あなた方 | you | ju / ユー |
| 彼ら（彼女たち） | they | ðeɪ / ゼイ |
| 私たち（みんな） | all of us | ɔːl (ə)v əs / オール アヴ アス |
| この男の人（尊敬をもって） | this gentleman | ðɪs dʒentlmən / ディス ジェントルマン |
| あの女の人（尊敬をもって） | that lady | ðæt leɪdi / ザッ レイディ |

### Column 人に呼びかけるときは

人を呼びとめる場合などには **Say！＝（英）I say！**（ちょっと、すみません）と言います。これは **Excuse me！** と言い換えることもできます。

相手がよく知っている人であればそのまま名前で、
**Hi, Bob！How are you doing？**
（やあボブ！ 元気でやってる？）
と言えばよいのてす。

日本語では「先生」と呼びかける職業がいろいろありますが、英語の場合はそれぞれの職業名で、**Doctor！**（医者）、**Professor！**（教授）、**Teacher！**（先生）などと使い分けます。

目の前にいる人々に向かっては
**Hi, folks！**
（やあ、みなさん！）
と呼びかけることもあります。

# Calling

|  |  |  |
|---|---|---|
| あの男の人 | that man | ðæt mæn ザッ マン |
| この女の人 | this woman | ðɪs wumən ディス ウーマン |
| どの人？ | Which person ? | (h)wɪtʃ pə:sn ウィッチ パースン |
| だれ？ | Who ? | hú: フー |
| だれか | someone | sʌ́mwʌ̀n サムワン |
| ～さん、様（男） | Mr. ～ | mìstə ミスタァ |
| ～さん、様（女：既婚） | Mrs. ～ | mìsiz ミセス |
| ～さん、様（女：未婚） | Miss ～ | mìs ミス |
| ～さん、様（女：未既婚） | Ms. ～ | mìz ミズ |
| ～夫妻 | Mr. & Mrs. ～ | mìstə ən(d) mìsiz ミスタァ アン ミセス |

話す

### 関連単語&文例

[人の性格を表す単語]

|  |  |
|---|---|
| 正直な | honest オネスト |
| 不正直な | dishonest ディスオネスト |
| 勤勉な | diligent ディリジェン |
| 怠け者の | lazy レイズィ |
| 恥ずかしがりの | shy シャイ |
| 社交的な | sociable ソーシャボー |
| 礼儀正しい | polite ポライ |
| 洗練されている | refined リファインド |
| しとやかな | ladylike レイディライク |
| 男らしい | manly マンリィ |
| 楽しい | amusing アミューズィン |
| 不親切な | unkind アンカインド |
| 信頼できる | reliable リライアボー |

He's kind and reliable.　彼は親切で信頼できます。
Be honest !　本当のことを言いなさい！

# 家族・親戚の呼び方

話す

| 家族 | family | fǽm(ə)li<br>ファミリー |
|---|---|---|
| 両親 | parents | péər(ə)nts<br>ペアレンツ |
| 父 | father | fάːðə<br>ファーザァ |
| 母 | mother | mʌ́ðə<br>マザァ |
| 兄弟 | brother | brʌ́ðə<br>ブラザァ |
| 姉妹 | sister | sístə<br>スィスタァ |
| 夫 | husband | hʌ́zbənd<br>ハズバン |
| 妻 | wife | wáif<br>ワイフ |
| 夫婦 | married couple | mǽrid kʌ́pl<br>マリッド カポー |
| 子ども | child | tʃáild<br>チャイルド |

## Column 家族について尋ねるときは

英語では、特別の場合でないかぎり、兄弟や姉妹についてどちらが兄でどちらが弟かなどということにはこだわりません。
**How many brothers do you have ?**（兄弟は何人いるのですか？）と聞かれても単純に兄弟の人数を答

えればよいのです。しかし、詳しく説明したいときは、**big brother**（兄）が何人、**younger brother**（弟）が何人などと言います。ちなみに末っ子は **the youngest**、一番年上は **the oldest** と言います。
**How old is your mother ?**
（あなたのお母さんは何歳ですか？）
**What dose your father do ?**
（あなたのお父さんのお仕事は何ですか？）などの表現も覚えておくとよいでしょう。

# Family / Relatives

| 息子 | son | sʌ́n<br>サン |
|---|---|---|
| 娘 | daughter | dɔ́ːtə<br>ドータァ |
| 親戚 | relative | rélətɪv<br>レラティヴ |
| 祖父 | grandfather | grǽn(d)fàːðə<br>グランファーザァ |
| 祖母 | grandmother | grǽn(d)mʌ̀ðə<br>グランマザァ |
| 孫 | grandchild | grǽn(d)tʃaɪld<br>グランチャイルド |
| 伯父（おじ） | uncle | ʌ́ŋkl<br>アンコー |
| 伯母（おば） | aunt | ǽnt<br>アーント |
| いとこ | cousin | kʌ́zn<br>カズン |
| グリーン家の人々 | the Greens | ðə gríːnz<br>ザ　グリーンズ |

話す

## 関連単語＆文例

**[くだけた言い方]**

| お父ちゃん | dad／daddy<br>ダドゥ　　ダディ |
| お母ちゃん | mom／mommy<br>マム　　　マミー |
| おじいちゃん | grandpa<br>グランパ |
| おばあちゃん | grandma<br>グランマ |
| あなた（夫妻、恋人間） | |
| Honey／Darling／Sweetheart など<br>ハニー　　ダーリン　　スィートハート | |

**[その他]**

| 義理の父 | father-in-law<br>ファーザァインロウ |
| 義理の母 | mother-in-law<br>マザァインロウ |
| 父方の祖父 | paternal grandfather<br>パターナル　グランファーザァ |
| 母方の祖母 | maternal grandmother<br>マターナル　グランマザァ |
| 子ども、若者 | kid<br>キッド |

You have a large family.　あなたは大家族ですね。
How many members are there in your family?　家族は何人ですか？

## 話す いろいろな人

|  |  |  |
|---|---|---|
| 女性 | woman | wúmən ウーマン |
| 男性 | man | mǽn マン |
| 大人 | adult | ədʌ́lt アダルト |
| 少年 | boy | bɔ́ɪ ボーイ |
| 少女 | girl | gə́ːl ガール |
| 赤ちゃん | baby | béɪbi ベイビィ |
| お年寄り | elderly person | éldəli pəːsn エルダーリィ パースン |
| 若者 | young person | jʌŋ pəːsn ヤング パースン |
| 中年の人 | middle-aged person | mɪdl eɪdʒd pəːsn ミドゥル エイジド パースン |
| 保護者 | guardian | gáːdiən ガァディアン |

### Column　Who? と聞かれたら

「だれですか」と尋ねられた場合に、日本語では名前と職業の両方で答えたりしますが、英語で **Who ?**（だれ）と聞かれたら、
**A: Who's that man ?**
（あの男の人はだれですか？）
**B: That's Mr. Johnson.**
（あれはジョンソンさんです）
のように、名前で答えます。**What ?**（何？）で聞かれたら、
**A: What's he ?**
（彼の仕事は何ですか？）

**B: He's a dentist.**
（彼は歯医者さんです）
のように、職業を答えます。

# People

話す

| | | |
|---|---|---|
| 知人 | acquaintance | əkwéintəns<br>アクエインタンス |
| 友人 | friend | fréndフレンド |
| 恋人 | lover | lʌ́vəラヴァ |
| 婚約者 | fiancée (女)／fiancé (男) | fiːɑːnséiフィアンセイ |
| 同級生 | classmate | klǽsmèitクラスメイト |
| 同僚 | colleague | káliːgカリーグ |
| 先輩 | senior | síːnjəスィーニア |
| 後輩 | junior | dʒúːnjəジューニア |
| 仲間 | company | kʌ́mp(ə)niカンパニィ |
| ライバル | rival | ráiv(ə)lライヴァル |

### 関連単語&文例

| | | | | |
|---|---|---|---|---|
| 頭のよい人 | bright person<br>ブライト パースン | | 日本人 | Japanese<br>ジャパニーズ |
| 天才 | genius<br>ジーニャス | | 隣人 | neighbor<br>ネイバァ |
| バカな人 | fool<br>フール | | 東洋人 | Oriental<br>オリエンタル |
| 敵 | enemy<br>エニミィ | | 西洋人 | Westerner<br>ウエスターナァ |
| 味方 | supporter／friend<br>サポータァ　フレンド | | 外国人 | foreigner<br>フォーリナァ |
| | | | 旅人 | traveler<br>トラヴェラァ |

**She's very bright.**
　彼女はとても頭がいい。

**You'll enjoy his company.**
　彼といっしょにいると楽しいですよ。

# 話す 気持ちを表現する①

| 気分がいい | feel good | fíːl gúd<br>フィール グッドゥ |
|---|---|---|
| 気分が悪い | feel bad | fíːl bæd<br>フィール バッドゥ |
| 寂しく思う | feel lonely | fíːl lóunli<br>フィール ロンリィ |
| 楽しい | happy | hǽpi<br>ハッピィ |
| うれしい | glad | glǽd<br>グラッドゥ |
| 悲しい | sad | sǽd<br>サッドゥ |
| 優しい | generous | dʒén(ə)rəs<br>ジェネラス |
| 意地が悪い | mean | míːn<br>ミーン |
| 恐ろしい | terrible | térəbl<br>テリボー |
| おとなしい | quiet | kwáɪət<br>クワイエッ |

## Column 気分や性格の尋ね方

病気で気分が悪そうなときも、気持ちが落ち込んで沈んで見えるときも、声のかけ方は、
**How are you feeling ?**
（気分はどうですか？）
のように尋ねます。それに対しては
**I'm feeling good.**
（気分はいいです）
**I'm feeling better.**
（気分はよくなりました）
などと答えます。

性格などについての質問と答えは

**A: Is he generous ?**
（彼は優しいですか？）
**B: Yes, he is.**
（はい、優しいです）
**B: No, he isn't.**
（いいえ、優しくありません）
と簡単に表現できます。

# Feelings

|  |  |  |
|---|---|---|
| うるさい | noisy | nɔ́ɪzi ノイズィ |
| 誇らしい | be proud of ～ | bi praud (ə)v ビー プラウド アヴ |
| 恥ずかしい | be ashamed of ～ | bi əʃeɪmd (ə)v ビー アシェイムド アヴ |
| (～が) 怖い | be afraid of ～ | bi əfreɪd (ə)v ビー アフレイド アヴ |
| くやしい | regrettable | rɪgrétəbl リグレッタボー |
| 汚い | unfair | ʌnféə アンフェア |
| 醜い | dirty | dɜ́ːti ダーティ |
| 正しい | upright | ʌ́praɪt アップライ |
| 激しい | fiery | fáɪ(ə)ri ファイアリ |
| せわしない | restless | réstləs レストレス |

話す

### 関連単語&文例

[気持ちを表現する名詞形]

|  |  |
|---|---|
| 幸福 | happiness ハピネス |
| 寂しさ | loneliness ロンリネス |
| 親切 | kindness カインドネス |
| 優しさ | generosity ジェネロウスィティ |
| おとなしさ | gentleness ジェントルネス |
| 誇り | pride プライド |
| 恥 | shame シェイム |
| 後悔 | regret リグレット |
| せわしなさ | restlessness レストレスネス |

[その他]

|  |  |
|---|---|
| せつない | painful ペインフル |
| すがすがしい | refreshing リフレッシィン |
| わずらわしい | troublesome トラブルサム |

**I'm proud of my sons.** 私は息子たちを誇りに思っています。
**That's terrible.** それはひどいですね。

# 気持ちを表現する②

| 笑う | laugh | lǽf<br>ラァフ |
|---|---|---|
| ほほえむ | smile | smáɪl<br>スマイル |
| 泣く | cry | kráɪ<br>クライ |
| 喜ぶ | be pleased with 〜 | bi plíːzd wɪð<br>ビー プリーズドゥ ウィズ |
| 怒る | get angry with 〜 | get ǽŋgri wɪð<br>ゲッタングリィ ウィズ |
| 憎む | hate | héɪt<br>ヘイト |
| ねたむ | envy | énvi<br>エンヴィ |
| ゆったりする | relax | rɪlǽks<br>リラックス |
| 急ぐ | be in a hurry | bi in ə həːri<br>ビー インナ ハーリィ |
| 焦る | panic | pǽnɪk<br>パニック |

### Column　少しオーバーに表現する

　英語を話す場合は、**Yes** と **No** をハッキリと言わなくてはならないと言われています。自分の気持ちや考えをきちんと相手に伝えることが大切なのです。気持ちを表現するのに憶病であってはなりません。

　日本人は相手を思いやることのできる優しい民族なので、相手がいやな思いをするのではないか、というようなことがまず気になってしまいます。しかし、堂々と自分の思っていることを相手に伝えることが、相互理解の第一歩なのです。

　また、英語で話す場合は、日本語で言うときの3倍くらい大きな声を出し、表現は大げさに、動作も大きめにするくらいでちょうどよいでしょう。

# Feelings

|  |  |  |
|---|---|---|
| いらいらする | be irritated | bi írəteitid ビー イリテイティッド |
| 驚く | be surprised at ～ | bi səpráizd ət ビー サプライズド アッ |
| 我慢する | stand | stǽnd スタンド |
| がっかりする | be disappointed with ～ | bi dìsəpɔ́intid wið ビー ディサポインティド ウィズ |
| 信じる | believe in ～ | bəlíːv in ビリーヴ イン |
| 疑う | doubt | dáut ダウト |
| 憧（あこが）れる | admire | ədmáiə アドマイア |
| 願う | wish | wíʃ ウィッシュ |
| 感じる | feel | fíːl フィール |
| 考える | think | θíŋk スィンク |

話す

### 関連単語&文例

[笑い方のいろいろ]
- 声を立てて笑う　laugh　ラァフ
- にっこりほほえむ　smile　スマイル
- 満足げに笑う　chuckle　チャックル
- くすくす笑う　giggle　ギグル
- にやにや笑う　grin　グリン
- あざ笑う　sneer　スニア

[泣き方のいろいろ]
- 声を出して泣く　cry　クライ
- 涙を流して泣く　weep　ウィープ
- すすり泣く　sob　ソブ
- 泣きじゃくる　blubber　ブラバー

**She smiled at me.**　彼女は私にほほえんだ。
**I can't stand it anymore.**　もうそれを我慢できません。

# 話す　気持ちを表現する③

| 好き | like | láık ライク |
|---|---|---|
| 嫌い | dislike | dìsláık ディスライク |
| 幸せな | happy | hǽpi ハッピィ |
| 不幸せな | unhappy | ʌ̀nhǽpi アンハッピィ |
| 感謝する | thank | θǽŋk サンク |
| 満足する | be satisfied with ～ | bi sǽtısfaıd wıð ビー サティスファイド ウィズ |
| 不満である | be dissatisfied with ～ | bi dı(s)sǽtısfaıd wıð ビー ディスサティスファイド ウィズ |
| 感動する | be moved by | bi múːvd baı ビー ムーヴド バイ |
| 感激する | be impressed by | bi ımprést baı ビー インプレスト バイ |
| 期待する | expect | ıkspékt イクスペクト |

## Column　気持ちの表現は受け身形

　気持ちを表す場合、日本語では「感動した」とか「満足した」という言い方をしますが、英語では、
**Keiko was moved by the movie.**
（ケイコはその映画に感動した）
**She was satisfied with the result.**
（彼女はその結果に満足した）
などのように受け身形で表現することが多いようです。

　人の気持ちを動かすのには何かしらの原因があり、それによって人の気持ちが動かされたり、満足させられたり、驚かされたりするという考え方なのです。

　あまりにも気持ちが高ぶっている人がいたら、
**Don't get excited！Calm down！**
（興奮しないで、落ち着いて！）
と言ってあげましょう。

# Feelings

| 興奮する | be excited | bɪ ɪksáɪtɪd ビー イクサイティッドゥ |
|---|---|---|
| 安心する | feel easy | fíːl íːzi フィール イーズィ |
| 心配する | worry | wə́ːri ワァリィ |
| 絶望する | despair | dɪspéə ディスペア |
| 望む | hope | hóup ホウプ |
| 尊敬する | respect | rɪspékt リスペクト |
| 軽蔑する | despise | dɪspáɪz ディスパイズ |
| 冷静な | calm | káːm カーム |
| 穏やかな | mild | máɪld マイルド |
| 情熱的な | passionate | pǽʃ(ə)nət パショニッ |

話す

## 関連単語＆文例

[気持ちを表現する名詞形]

| 好み | liking／taste ライキン／テイスト |
| 嫌悪 | hatred ヘイトリッド |
| 感謝 | thanks サンクス |
| 満足 | satisfaction サティスファクシャン |

| 興奮 | excitement イクサイトメン |
| 尊敬 | respect リスペクト |
| 望み | hope ホウプ |
| 軽蔑 | contempt カンテンプト |
| 情熱 | passion パッシャン |

**I'm happy to hear that.**
それを聞いてうれしいです。

**I worry about him.**
彼のことを心配しています。

# 話す 尋ねる・願う・承諾する・断る

|  |  |  |
|---|---|---|
| それはどこですか？ | Where is it ? | (h)weə ɪz ɪt<br>ウェア　イズィッ |
| もう行ってもいいですか？ | May I go now ? | meɪ aɪ gou nau<br>メイ　アイ　ゴー　ナウ |
| （いっしょに）しませんか？ | Shall we do it ? | ʃəl wi duː ɪt<br>シャルウィ　ドゥー　イッ |
| お聞きしてもいいですか？ | May I ask you ? | meɪ aɪ æsk ju<br>メイ　アイ　アスク　ユー |
| どっちですか？ | Which one ? | (h)wɪtʃ wʌn<br>ウィッチ　ワン |
| いくらですか？ | How much ? | hau mʌtʃ<br>ハウ　マッチ |
| 時間はありますか？ | Do you have time ? | duː ju hæv taɪm<br>ドゥー　ユー　ヘァヴ　タイム |
| 何時ですか？ | What time is it ? | (h)wat taɪm ɪz ɪt<br>ウワッ　タイム　イズィッ |
| いくつですか？ | How many ? | hau meni<br>ハウ　メニィ |
| どんな種類ですか？ | What kind ? | (h)wat kaɪnd<br>ウワッカイン |

## Column ていねいな表現は would を使う

人に何かを尋ねたり、お願いをしたりする場合には、ていねいであるに越したことはありません。普通ていねいに言いたいときは **Please** をつけて、
**Please come in.**
（どうぞお入りください）
などと言いますが、**Would you** を用いて、
**Would you do it for me ?**
（それをしていただけますか？）
と言うこともできます。

もっとていねいな表現にしたいのならば **Could you** をつけて、
**Could you call me tomorrow ?**
（明日お電話をいただけませんでしょうか？）
と言えば気持ちは伝わるはずです。

## Asking / Answering

| | | |
|---|---|---|
| それを見せてください | Show it to me. | ʃou ɪt tu miː<br>ショウ イッ トゥー ミー |
| お願いします | Please. | pliːz<br>プリーズ |
| 私に任せてください | Leave it to me. | liːv ɪt tu miː<br>リーヴィッ トゥー ミー |
| いいですよ | All right. | ɔːl raɪt<br>オー ライ |
| だめです | No way. | nou weɪ<br>ノー ウエイ |
| できません | I can't do that. | aɪ kæːnt du ðæt<br>アイ キャーント ドゥー ザッ |
| やめてください | Stop it. | stap ɪt<br>スタッ ピッ |
| これをください | This one, please. | ðɪs wʌn pliːz<br>ディス ワン プリーズ |
| やり方を教えてください | Show me how to do it. | ʃou miː hau tu duː ɪt<br>ショウ ミー ハウ トゥー ドゥー イッ |
| それを貸してください | Lend it to me. | lend ɪt tu miː<br>レンディッ トゥー ミー |

### 関連文例

**Would you do me a favor?** お願いがあるのですが。
**Please make it a first priority.** それを最優先でやってください。
**I'll do my best.** ベストをつくします。
**I wish I could help you.** お手伝いできるといいのですが。(断りの表現)

## 話す　電話をかける

| | | |
|---|---|---|
| もしもし | Hello! | həlóu<br>ハロウ |
| どちら様ですか？ | Who is speaking, please? | huː ɪz spiːkɪŋ pliːz<br>フー イズ スピーキン プリーズ |
| （私は）サチコです | This is Sachiko speaking. | ðɪs ɪz satʃiko spiːkɪŋ<br>ディス イズ サチコ スピーキン |
| ナンシーさんをお願いします | May I speak to Nancy? | meɪ aɪ spiːk tu nænsi<br>メイ アイ スピーク トゥー ナンスィー |
| お待ちください | Hold on, please. | hould an pliːz<br>ホールドン プリーズ |
| （彼女は）外出中です | She's out now. | ʃiːz aut nau<br>シーズ アウ ナウ |
| 違います | You have the wrong number. | ju hæv ðə rɔːŋ nʌmbə<br>ユー ヘァヴ ザ ロン ナンバァ |
| 電話器 | telephone | téləfòun<br>テレフォウン |
| 公衆電話 | pay phone | peɪ foun<br>ペイ フォウン |
| 電話ボックス | telephone booth | teləfoun buːθ<br>テレフォウン ブース |

### Column　役に立つ電話表現

電話を借りる場合には、
**May I use your phone?**
（電話をお借りできますか？）
と言います。
　また、「ことづけ」については、次の２つの表現を覚えておけば大丈夫です。

**May I leave a message?**
（ことづけをお願いできますか？）
**May I take a message?**
（何かおことづけはございますか？）
　電話のかかってきた人が、出られ

# Telephone

| 携帯電話 | cellular phone | seljulə foun<br>セーラァ フォウン |
|---|---|---|
| 国際電話 | international call | ɪntənæʃ(ə)nəl kɔːl<br>インターナショナル コール |
| コレクトコール | collect call | kəlekt kɔːl<br>コレクト コール |
| 受話器 | receiver | rɪsíːvə<br>リスィーヴァ |
| 電話番号 | telephone number | teləfoun nʌmbə<br>テレフォウン ナンバァ |
| 通話料金 | phone charge | foun tʃəədʒ<br>フォウン チャージ |
| 番号案内 | directory assistance | dərektəri əsɪstəns<br>ディレクタリィ アシスタンス |
| 電話帳 | phone book | foun buk<br>フォウン ブック |
| 間違い電話 | wrong number | rɔːŋ nʌmbə<br>ロン ナンバァ |
| いたずら電話 | obscene phone call | absɪːn foun kɔːl<br>アブスィーン フォウン コール |

話す

ないときは、
**She's not available now.**
（彼女は今電話に出られません）
と言えばよいでしょう。
　電話を切る場合は、
**I think I should go now.**
（もうそろそろ電話を切らないと）
　相手からかかってきた電話だった場合は、
**Thank you for calling.**
（お電話ありがとう）
と言います。

## 関連単語

| 留守番電話 | answering machine<br>アンサリング マシーン |
| 緊急電話番号 | emergency number<br>エマージェンシー ナンバァ |
| 長距離電話 | long distance call<br>ロン ディスタンス コール |
| 市内通話 | local call<br>ローコー コール |
| 電話職業別欄 | yellow pages<br>イエロー ペイジズ |

## 話す つなぎの言葉

|  |  |  |
|---|---|---|
| えーと | Let me see. | let miː siː / レッミースィー |
| ああ！ | Oh！ | óu / オゥ |
| そうか！ | Now I see. | nau aɪ siː / ナウ アイ スィー |
| あれっ！ | Oh no！ | ou nou / オゥ ノゥ |
| なるほど | I see. | aɪ siː / アイ スィー |
| ふうん | Is that right？ | ɪz ðæt raɪt / イザライ |
| 本当？ | Really？ | ríː(ə)li / リーアリィ |
| ええ!?（驚き） | What？ | (h)wat / ウワッ |
| でも | But,〜 | bət / バッ |
| ところで | By the way,〜 | baɪ ðə weɪ / バイ ザ ウェイ |

### Column　沈黙は金ではない

　日本では昔から「沈黙は金である」(Silence is golden.) と言われてきました。しかし、これからの日本人にとっては、まったく逆の「雄弁が金である」(Speech is golden.) ということになるのではないでしょうか。

　少なくとも、外国人とつき合っていくためには、相手の言うことを理解したうえで、自分の考えも主張することが大切です。相手の言うことを黙って聞いているだけで反論しなければ、それをすべて認めたことにもなりかねません。

**Do you think so？**
（あなたはそう思いますか？）
**But I don't think so.**
（でも私はそうは思いません）
**I don't think it's good.**
（それはよくないと思います）

　このようなことを、何の遠慮もなく言える関係を築くことが必要なのです。お互いの意見を交換し合ってこそ信頼が深まっていくでしょう。

# Going on talking

| | | |
|---|---|---|
| そして | And | ən(d)<br>アン |
| なぜなら | Because | bɪkɔ́ːz<br>ビコーズ |
| ～なので | As ～ | əz<br>アズ |
| いずれにせよ | Any way | éniwèi<br>エニウエイ |
| 少なくとも | At least | ət líːst<br>アッリースト |
| おそらく | Probably | prábəbli<br>プロバブリィ |
| だから | Therefore | ðéəfɔə<br>ゼアフォア |
| そのうえ | Moreover | mɔːróuvə<br>モアローヴァ |
| どうやら | Somehow | sʌ́mhàu<br>サムハウ |
| 実のところ | Actually | ǽktʃuəli<br>アクチャリィ |

話す

### 関連単語&文例

| つまり | in other words<br>イナザァ ワーズ | なにしろ | as you know<br>アズ ユー ノウ |
| とりあえず | for the time being<br>フォーザタイム ビーイン | 実を言うと | to tell the truth<br>トゥーテルザトゥルース |
| まず第一に | first of all<br>ファーストアヴオール | | |

**I beg your pardon？＝Pardon？**
　もう一度言ってください。

**I don't understand.**
　言っていることがわかりません。

**Speak more slowly please.**
　もっとゆっくり話してください。

35

桑原MEMO

## 英文手紙の書き方

　手紙を書くのに、それほど面倒な規則があるわけではありません。一般的な「私信」(**personal letter**)と「社交上の手紙(**social letter**)で使える手紙の書き方を簡単に説明しましょう。

①自分の住所を書く。たとえば
〒111-0023
東京都台東区上野桜木8丁目7の6ならば、
7-6, Sakuragi 8 chome, Ueno, Taito-ku, Tokyo, Japan 111-0023

②ファーストネームで呼び合っているのならば、Dear Tom, のようにファーストネームで。それほど親しくなければ Mrs.White, のように。この場合は、Mrs.Mary White とフルネームは用いないので注意

1　7-6, Sakuragi 8 chome,
　Ueno, Taito-ku, Tokyo, Japan
　111-0023

2　Dear Tom,

3

4　Love,
　Mary

④結びの言葉は、一般的には Sincerely yours, Yours truly などだが、親しい人には、Love, With love, Fondly.
男性なら、Best, Yours, Your friend などと書く

③内容を書く場合は「話し言葉」でOK。普通は時候のあいさつなどはせずに、具体的に用件を述べる

**Basics**

# 日常生活
## Daily Life

第 3 章

# 生活 — 一日の行動

| 目覚める | wake up | weɪk ʌp<br>ウェイカップ |
|---|---|---|
| 起きる | get up | get ʌp<br>ゲッタップ |
| 着替える | change one's clothes | tʃeɪndʒ wʌnz klou(ð)s<br>チェインジ ワンズ クローズス |
| 寝坊する | oversleep | ouvəslíːp<br>オーヴァスリープ |
| 昼寝する | take a nap | teɪk ə næp<br>テイカ ナップ |
| 夜ふかしをする | stay up late | steɪ ʌp leɪt<br>ステイ アップ レイト |
| 顔を洗う | wash one's face | waʃ wʌnz feɪs<br>ウワッシュ ワンズ フェイス |
| 歯を磨く | brush one's teeth | brʌʃ wʌnz tiːθ<br>ブラッシュ ワンズ ティース |
| 髪をとかす | comb one's hair | koum wʌnz heə<br>コウム ワンズ ヘア |
| 化粧をする | put on make-up | put an meɪk ʌp<br>プットン メイカップ |

## Column　決まり文句を使いこなす

「一日の行動」は、ある程度決まった表現を覚え、その例文を上手に使いこなせば、簡単に言うことができます。
**What time do you get up everyday ?**
（あなたは毎日何時に起きますか？）
**I get up at 7 a.m. everyday.**
（私は毎日７時に起きます）
　上の例文の **get up** の部分に「〜する」という単語・熟語を入れ換えて応用できます。
　行動の順序を表すには、

**I change my clothes after washing my face.**
（私は顔を洗ってから着替えます）
のように　**after**（〜のあとで）や、**before**（〜の前に）などを用います。

## Daily routine

| | | |
|---|---|---|
| ひげをそる | shave | ʃeɪv<br>シェイヴ |
| トイレに行く | go to the restroom | gou tu ðə restruːm<br>ゴー トゥー ザ レストルーム |
| 朝食をとる | have breakfast | hæv brekfəst<br>ヘアヴ ブレックファースト |
| 出かける | leave | liːv<br>リーヴ |
| 働く | work | wəːk<br>ワーク |
| 帰宅する | come home | kʌm houm<br>カム ホーム |
| テレビを見る | watch television | watʃ teləvɪʒən<br>ウワッチ テレヴィジャン |
| 風呂に入る | take a bath | teɪk ə bæθ<br>テイカ バス |
| シャワーを浴びる | take a shower | teɪk ə ʃauə<br>テイカ シャワァ |
| 寝る | go to bed | gou tu bed<br>ゴー トゥー ベッ |

日常生活

### 関連単語&文例

| | | | | |
|---|---|---|---|---|
| 昼食 | lunch<br>ランチ | | つめ切り | nail clippers<br>ネイル クリッパァズ |
| 夕食 | dinner<br>ディナァ | | 電気かみそり | shaver<br>シェイヴァ |
| 歯ブラシ | toothbrush<br>トゥースブラッシュ | | 目覚まし時計 | alarm clock<br>アラーム クロック |
| 歯磨き | toothpaste<br>トゥースペイスト | | コンタクトレンズを入れる | |
| 石けん | soap<br>ソープ | | | wear contact lenses<br>ウェア カンタクト レンズィズ |

**What time do you get up everyday?**
毎日何時に起きますか？

**I watch TV after dinner.**
夕食後にテレビを見ます。

生活

# 家事・育児

| 料理する | cook | kúk クック |
| 掃除する | clean | klíːn クリーン |
| 掃除機 | vacuum cleaner | vǽkjuəm klíːnə ヴァキューム クリーナァ |
| 掃く | sweep | swíːp スウィープ |
| 拭く | wipe | wáip ワイプ |
| 洗濯する | wash | wάʃ ウァッシュ |
| 洗濯機 | washing machine | wάʃiŋ məʃíːn ウァッシン マシーン |
| 干す | dry | drái ドゥライ |
| アイロンをかける | iron | áiən アイアン |
| 縫う | sew | sóu ソウ |

**Column**　家事は分担する

　アメリカなどでは、多くの家庭で
**We take turns doing chores around the house.**
（私たちは順番に家事をします）

**I do my share of the chores.**
（私は自分の分担の家事をします）
ということになっています。
　その内容についてはいろいろありますが、
**I wash the dishes.**
（お皿を洗います）
**I clean the room.**
（部屋の掃除をします）
**I cook breakfast.**
（朝食を作ります）
などが多いようです。

## Housekeeping / Child care

|  |  |  |
|---|---|---|
| 編む | knit | nít / ニッ |
| 繕う | fix | fíks / フィックス |
| 家計簿をつける | keep accounts | kíːp əkaunts / キープ アカウンツ |
| 育てる | raise | réɪz / レイズ |
| 授乳する | feed a baby | fíːd ə beɪbi / フィーダ ベイビィ |
| 抱っこする | carry a baby | kǽri ə beɪbi / キャリィ ア ベイビィ |
| おんぶする | give a baby a piggyback | gɪv ə beɪbi ə pɪgibæg / ギヴァ ベイビィ ア ピギーバック |
| 世話をする | look after | lúk æftə / ルック アフタァ |
| ほめる | praise | préɪz / プレイズ |
| しかる | scold | skóuld / スコウルド |

日常生活

### 関連単語 & 文例

|  |  |
|---|---|
| 針 | needle / ニードゥル |
| 糸 | thread / スレッド |
| 裁縫 | needlework / ニードゥルワーク |
| スパルタ教育 | Spartan education / スパータン エジュケイシャン |
| 放任主義 | let-alone policy / レッタローン ポリスィ |
| 過保護 | overprotection / オゥヴァプロテクシャン |
| 子育て | child rearing / チャイルド リアリン |
| 罰として尻を打つ | spank / スパンク |
| 体重計 | scale / スケイル |

**Child rearing is a tough job.**
子育ては大変です。

**I bought a new sewing machine.**
新しいミシンを買いました。

# 生活 恋愛・結婚

| 恋人 | lover | lʌ́və<br>ラヴァ |
|---|---|---|
| 婚約者 | fiancé (男) / fiancée (女) | fiːɑːnséɪ<br>フィアンセイ |
| デート | dating | déitiŋ<br>デイティン |
| プロポーズ | proposal | prəpóuzl<br>プロポウザル |
| 婚約指輪 | engagement ring | ɪngeɪdʒmənt rɪŋ<br>エンゲイジメン リン |
| 結婚指輪 | wedding ring | wediŋ rɪŋ<br>ウエディン リン |
| 新郎（花婿） | groom | grúːm<br>グルーム |
| 新婦（花嫁） | bride | bráɪd<br>ブライド |
| 結婚式 | wedding | wédiŋ<br>ウエディン |
| 披露宴 | wedding reception | wediŋ rɪsepʃən<br>ウエディン リセプシャン |

## Column　おめでとう！は花婿さんに

結婚式でのお祝いの言葉は、男性に対しては、
**Congratulations !**
（おめでとう！）
と言いますが、これを女性に言うと失礼になります。なぜかというと、この言葉は何か必死の努力の結果、うまくいった、成功した、そのようなときに使われるものだからです。
　そこで女性には、
**You look so beautiful.**
（本当に美しい）

**I wish you all the best.**
（お幸せをお祈りしています）
などと言ってあげるとよいでしょう。

## Love／Marriage

| 花嫁衣装 | bridal costume | braɪdl kʌst(j)uːm<br>ブライダル コスチューム |
|---|---|---|
| ウェディングドレス | wedding dress | wedɪŋ dres<br>ウエディン ドゥレス |
| 花束（ブーケ） | bouquet | boukéɪ<br>ブーケイ |
| 婚姻届 | marriage registration | mærɪdʒ redʒɪstreɪʃən<br>マリッジ レジストレイシャン |
| 新婚旅行 | honeymoon | hʌ́nimùːn<br>ハニムーン |
| 新婚のカップル | newlyweds | n(j)úːliwez<br>ニゥリーウェッズ |
| お見合い | marriage meeting | mærɪdʒ miːtɪŋ<br>マリッジ ミーティン |
| 見合い結婚 | arranged marriage | əreɪndʒd mærɪdʒ<br>アレンジド マリッジ |
| 仲人 | matchmaker | mætʃmèɪkə<br>マッチメイカァ |
| 恋愛結婚 | love match | lʌv mætʃ<br>ラヴ マッチ |

日常生活

### 関連単語&文例

| 同棲 | live together<br>リヴ トゥギャザァ | 町役場 | town hall<br>タウン ホール |
| 別居 | separation<br>セパレイシャン | バツイチの | once divorced<br>ワンス ディヴォースト |
| 離婚 | divorce<br>ディヴォース | 母子家庭 | fatherless family<br>ファーザレス ファミリィ |
| 再婚 | remarriage<br>リマリッジ | 父子家庭 | motherless family<br>マザァレス ファミリィ |
| 招待状 | invitation card<br>インヴィテイシャン カード | 継母 | stepmother<br>ステップマザァ |
| | | 継父 | stepfather<br>ステップファーザァ |

**I'll make a date with him tomorrow.**
明日、彼とデートをします。

**We married for love.**
私たちは恋愛結婚です。

43

# 生活 お祝い・行事

| ～祝い | celebration of one's ～ | seləbreɪʃən (ə)v wʌnz<br>セラブレイシャン アヴ ワンズ |
|---|---|---|
| 合格（祝い） | ～ passing an exam | pæsɪŋ ən ɪgzæm<br>パスィン アン イグザム |
| 入学（祝い） | ～ entering a school | entərɪŋ ə skuːl<br>エンタリン ア スクール |
| 卒業（祝い） | ～ graduating | grædʒuéɪtɪŋ<br>グラジュエイティン |
| 快気（祝い） | ～ recovery from illness | rɪkʌv(ə)ri frəm ɪlnəs<br>リカヴァリィ フラム イルネス |
| 還暦（の祝い） | ～ 60th birthday | sɪkstiθ bəːθdeɪ<br>シィクスティース バースデイ |
| 米寿（の祝い） | ～ 88th birthday | eɪtieɪtθ bəːθdeɪ<br>エイティエイス バースデイ |
| 長寿（の祝い） | ～ long life | lɔːŋ laɪf<br>ロン ライフ |
| 妊娠している | be pregnant | bi pregnənt<br>ビー プレグナン |
| 出産 | birth | báːθ<br>バース |

## Column　いろいろなおめでとう

「おめでとう」とお祝いを言う場面はさまざまです。誕生日には、言うまでもなく、
**Happy birthday, Keiko.**
（ケイコさん、お誕生日おめでとう）
　クリスマスには、
**Merry Christmas, everybody.**
（みなさん、クリスマスおめでとう）
と言いますが、それ以外は普通、
**Congratulations !**
（おめでとう！）
でOKです。これだけでも十分ですが、もっと詳しく言いたい場合は、
**Congratulations on your success !**
（ご成功おめでとう！）
**You did a great job.**
（すごいことをやりましたね）
**You've done it very well.**
（よくやりましたね）
などと付け加えればよいでしょう。

## Celebrations / Events

|  |  |  |
|---|---|---|
| 誕生日 | birthday | bə́ːθdèɪ / バースデイ |
| 結婚記念日 | wedding anniversary | wedɪŋ ænəvəːs(ə)ri / ウエディン アニヴァーサリィ |
| 銀婚式 | silver wedding anniversary | sɪlvə wedɪŋ ænəvəːs(ə)ri / スィルヴァ ウエディン アニヴァーサリィ |
| 金婚式 | golden wedding anniversary | gouldn wedɪŋ ænəvəːs(ə)ri / ゴールドン ウエディン アニヴァーサリィ |
| 生きる | live | lív / リヴ |
| 祝う | celebrate | séləbrèɪt / セラブレイトゥ |
| 葬儀 | funeral | fjúːn(ə)rəl / フューネラル |
| 墓 | grave | gréɪv / グレイヴ |
| 死ぬ | die | dáɪ / ダイ |
| 埋葬する | bury | béri / ベリ |

日常生活

### 関連単語&文例

|  |  |
|---|---|
| 祝宴 | banquet / バンクィッ |
| 祝電 | congratulatory telegram / コングラチュラトリィ テレグラム |
| 成功 | success / サクセス |
| 大成功 | great success / グレイト サクセス |
| 赤飯 | festive pink rice / フェスティヴ ピンク ライス |
| 長寿の家系 | long-lived family / ロングリヴド ファミリィ |
| 長寿法 | secret of longevity / シークレッタヴ ランジェヴァティ |
| 弔う | mourn / モーン |
| 命日 | memorial day / メモリアル デイ |
| 三回忌 | two-year memorial / トゥーイアー メモリアル |

**We've been married for five years.** 私たちは結婚して5年になります。
**You did a great job.** よくやりましたね。

# 生活 宗教・祝祭日

| 仏教 | Buddhism | búːdɪzm ブッディズム |
|---|---|---|
| 神道 | Shintoism | ʃíntouìzm シントゥイズム |
| キリスト教 | Christianity | krìstʃiǽnəti クリスチェニティ |
| イスラム教 | Islam | ɪsláːm イスラーム |
| 仏陀 | Buddha | búːdə ブーダ |
| 神 | God | gád ガッ |
| 寺 | temple | témpl テンポー |
| 神社 | shrine | ʃráin シュライン |
| 教会 | church | tʃə́ːtʃ チャーチ |
| モスク | mosque | másk マスク |

## Column 日本の祝祭日と年中行事

日本の祝日や祭日を英語で言うと次のようになります。

お正月 (Jan.1) **New Year's Day**
成人の日 (Jan.X) **Coming-of-Age-Day**
建国記念日 (Feb.11) **National Founding Day**
春分の日 (Mar.20) **Vernal Equinox Day**
みどりの日 (April 29) **Greenery's Day**
憲法記念日 (May 3) **Constitution Memorial Day**
子どもの日 (May 5) **Children's Day**
海の日 (July 20) **Marine Day**
敬老の日 (Sep.15) **Respect for the Aged Day**
秋分の日 (Sep.23) **Autumnal Equinox Day**
体育の日 (Oct.X) **Health-Sports Day**
文化の日 (Nov.3) **Culture Day**
勤労感謝の日 (Nov.23) **Labor Thanksgiving Day**
天皇誕生日 (Dec.23) **The Emperor's Birthday**

日本独特のさまざまな年中行事も、説明してあげると喜ぶでしょう。

節分 (Feb.3) **Bean-Throwing Ceremony**
ひな祭り (Mar.3) **Girl's Festival**
花見 (April) **Cherry Blossom Viewing**
七夕祭り (July 7) **The Star Festival**

# Religion / Festival

|  |  |  |
|---|---|---|
| 祈る | pray | préɪ / プレイ |
| 懺悔(ざんげ)する | repent | rɪpént / リペント |
| 人類愛 | love for humanity | lʌv fə hjuːmǽnəti / ラヴ フォ ヒューマニティ |
| 祭日 | national holiday | nǽʃ(ə)nəl hάlədeɪ / ナショナル ハラデイ |
| 祭り | festival | féstəv(ə)l / フェスティヴァル |
| 縁日 | festival day | festəv(ə)l deɪ / フェスティヴァル デイ |
| 神輿(みこし) | portable shrine | pɔ́ətəbl ʃraɪn / ポータボー シュライン |
| 山車(だし) | float | flóʊt / フロート |
| はっぴ | happi coat | hapi kout / ハッピ コウトゥ |
| ねじりはち巻き | headband | hédbænd / ヘッドバン |

日常生活

月見 (Mid Sep.) Moon Viewing
七五三 (Nov.15) 7-5-3 Festival
大晦日 (Dec.31) New Year's Eve

## 関連単語

| | | |
|---|---|---|
| 仏教徒 | Buddhist | ブッディスト |
| 神道家 | Shintoist | シントーイスト |
| キリスト教徒 | Christian | クリスチャン |
| イスラム教徒 | Muslim | マソラム |
| 花祭り(4月8日・お釈迦様の誕生日) | Flower Festival | フラワァ フェスティヴァル |
| クリスマス | Christmas | クリスマス |
| ハロウィーン | Halloween | ハロウィーン |

47

# 着る　衣服

| Tシャツ | T-shirt | tíːʃəːt ティーシャートゥ |
|---|---|---|
| ワイシャツ | shirt | ʃəːt シャートゥ |
| ブラウス | blouse | bláus ブラウス |
| ズボン | pants | pǽnts パンツ |
| 半ズボン | short pants | ʃɔət pænts ショートゥ パンツ |
| スカート | skirt | skə́ːt スカートゥ |
| ドレス | dress | drés ドゥレス |
| ワンピース | one piece dress | wʌn piːs dres ワン ピース ドゥレス |
| スーツ | suit | súːt スゥートゥ |
| ベスト | vest | vést ヴェスト |

### Column　日本独特の衣替えの習慣

　欧米では、人々が着ている服装は実にさまざまです。暑い日にセーターを着ている人がいるかと思えば、冬にTシャツだけで歩いている人もいます。

　それに比べると、日本では季節によって着る服がだいたい決まっているので、季節の変わりめは大変です。
**We change into summer clothes on the first day of June.**
（6月1日には夏服に衣替えします）などと言って、いっせいに夏服に着替える習慣があることを話したら、外国ではそういうことがあまりないのできっとびっくりされるでしょう。

## Clothes

|  |  |  |
|---|---|---|
| セーター | sweater | swétə / スウェタァ |
| カーディガン | cardigan | kάədɪg(ə)n / カーディガン |
| ジャケット | jacket | dʒǽkɪt / ジャキッ |
| ジャンパー | jumper | dʒΛmpə / ジャンパァ |
| コート | coat | kóut / コウトゥ |
| レインコート | raincoat | réɪnkòut / レインコウトゥ |
| 晴れ着 | one's best clothes | wΛnz best klou(ð)z / ワンズ ベスト クロウズ |
| 喪服 | mourning dress | mɔːnɪŋ dres / モーニン ドゥレス |
| 着る | wear | wéə / ウエア |
| 脱ぐ | take off | teɪk ɔːf / テイカフ |

### 関連単語＆文例

|  |  |
|---|---|
| シャツドレス | shirtwaist dress / シャートウエスト ドゥレス |
| シャツブラウス | shirtwaist / シャートウエスト |
| 水着 | swim suit / スゥイム スートゥ |
| 服装のひとそろえ | outfit / アウトフィット |
| 既製品の | ready-made / レディメイド |
| 絹 | silk / スィルク |
| 綿 | cotton / カットン |
| ポリエステル | polyester / ポリエスタァ |
| レイヨン | rayon / レイアン |
| カシミア | cashmere / キャッシュミア |
| 羊毛 | wool / ウル |

**I'm looking for a blouse.**
私はブラウスを探しています。

**Do you have this in my size ?**
私のサイズでこれはありますか？

日常生活

# 着る　下着・履物

| | | |
|---|---|---|
| シャツ | undershirt | ʌ́ndəʃə̀ːt アンダーシャートゥ |
| タンクトップ | tank top | tǽŋk tap タンク　タップ |
| トランクス | boxers | bάksəz ボクサーズ |
| ブリーフ | briefs | bríːfs ブリーフス |
| ショーツ | panties | pǽntiz パンティズ |
| ブラジャー | brassiere | brəzíə ブラジャア |
| ガードル | girdle | gə́ːdl ガードル |
| スリップ | slip | slíp スリップ |
| ボディースーツ | all-in-one | ɔ́ːl in wʌ́n オーリン　ワン |
| パンティーストッキング | panty hose | pǽnti houz パンティ　ホウズ |

### ミニ知識　日本と海外のサイズ比較

●洋服

| 女性 | 日本 | 7 | 9 | 11 | 13 | 15 | 男性 | 日本 | M | L | | LL | EL |
|---|---|---|---|---|---|---|---|---|---|---|---|---|---|
| | アメリカ | XS | S | | M | | | アメリカ | S | | M | L | |
| | | 4 | 6 | 8 | 10 | 12 | | | 44 | 46 | 48 | 50 | 52 | 54 |
| | イギリス | 8 | 10 | 12 | 14 | 16 | | イギリス | 36 | | 38 | 40 | 42 | 44 |
| | | 32 | 34 | 36 | 38 | 40 | | | | | | | |
| | ヨーロッパ | 36 | 38 | 40 | 42 | 44 | | ヨーロッパ | 46 | | 48 | 50 | 52 | 54 |

●靴

| 女性 | 日本 | 23 | 23.5 | 24 | 24.5 | 25 | 男性 | 日本 | 25 | 25.5 | 26 | 26.5 | 27 | 27.5 |
|---|---|---|---|---|---|---|---|---|---|---|---|---|---|---|
| | アメリカ | 6 | 6.5 | 7 | 7.5 | 8 | | アメリカ | 7 | 7.5 | 8 | 8.5 | 9 | 9.5 |
| | イギリス | 4.5 | 5 | 5.5 | 6 | 6.5 | | イギリス | 6 | | 7 | | 8 | 9 |
| | ヨーロッパ | 36 | | 37 | | 38 | | ヨーロッパ | 40 | | 41 | | 42 | 43 |

＜サイズはあくまで目安です＞

# Underwear / Shoes

|  |  |  |
|---|---|---|
| 靴下 | socks | sáks サックス |
| 靴 | shoes | ʃúːz シューズ |
| 運動靴 | sneakers | sníːkəz スニーカァズ |
| 革靴 | leather shoes | leðə ʃúːz レザァ シューズ |
| パンプス | pumps | pʌmps パンプス |
| ハイヒール | high heels | haɪ híːlz ハイ ヒールズ |
| ブーツ | boots | búːts ブーツ |
| サンダル | sandals | sǽndlz サンダルズ |
| スリッパ | scuffs | skʌfs スカッフス |
| 履く | put on | put an プットン |

日常生活

### 関連単語 & 文例

| | | | |
|---|---|---|---|
| キャミソール | camisole キャマソウル | 靴ずみ | shoe polish シュー ポリッシュ |
| シュミーズ | chemise シャミーズ | 靴底 | sole ソウル |
| ももひき | long johns ロング ジャンズ | 靴ひも | shoestring シューストリング |
| パジャマ | pajamas パジャマズ | 靴べら | shoehorn シューホーン |
| ランジェリー | lingerie ランジァリー | 靴屋 | shoe store シュー ストア |
| ネグリジェ | negligee ネグリジェイ | 靴の中敷き | insole インソウル |
| 靴磨き | shoeshine シューシャイン | | |

**Where's the underwear department?**
下着売り場はどこですか？

51

# 着る 小物・アクセサリー

| | | |
|---|---|---|
| ネクタイ | necktie | néktài<br>ネックタイ |
| ネックレス | necklace | nékləs<br>ネックリス |
| ブレスレット | bracelet | bréislət<br>ブレイスラッ |
| 指輪 | ring | ríŋ<br>リン |
| ピアス | pierced earrings | píəst íəriŋz<br>ピアストゥ イヤリングズ |
| イヤリング | clip-on earrings | klípan íəriŋz<br>クリッパン イヤリングズ |
| チョーカー | choker | tʃóukə<br>チョウカァ |
| ブローチ | brooch | bróutʃ<br>ブルーチ |
| コサージ | corsage | kɔəsáːʒ<br>コーサージ |
| ハンカチ | handkerchief | hæŋkətʃif<br>ハンカチーフ |

### Column 「身につける」という表現法

同じ「身につける」ということでも、何をつけるかで英語の使い方が少しずつ違います。
　次の表現を覚えておくと役に立つはずです。
**The lady is wearing a diamond ring.**
（その女性はダイヤの指輪をしています）
**He wears glasses.**
（彼は眼鏡をかけています）
**Keiko put the pierced earrings on.**
（ユミコはピアスをつけました）

# Small articles / Accessories

|  |  |  |
|---|---|---|
| スカーフ | scarf | skǽəf スカーフ |
| 腕時計 | watch | wátʃ ウァッチ |
| 眼鏡 | glasses | glǽsɪz グラスィズ |
| 仕事かばん | briefcase | bríːfkèɪs ブリーフケイス |
| バッグ | bag | bǽg ベァッグ |
| 手袋 | gloves | glʌ́vz グラヴズ |
| ベルト | belt | bélt ベルト |
| マフラー | muffler | mʌ́flə マフラァ |
| 誕生石 | birthstone | bə́ːθstòun バースストウン |
| 身につける、着る | put on / wear | put an / wéə プットン ウエア |

日常生活

### 関連単語

[誕生石のいろいろ]

- 1月　ガーネット　garnet
- 2月　アメジスト　amethyst
- 3月　ブラッドストーン　bloodstone
  - ※アクアマリン　aquamarine
- 4月　ダイヤモンド　diamond
- 5月　エメラルド　emerald
- 6月　真珠　pearl
  - ※アレキサンドライト　alexandrite
  - ※月長石　moonstone
- 7月　ルビー　ruby
- 8月　赤しまメノウ　sardonyx
  - ※ペリドット　peridot
- 9月　サファイア　sapphire
- 10月　オパール　opal
  - ※トルマリン　tourmaline
- 11月　トパーズ　topaz
- 12月　トルコ石　turquoise
  - ※ジルコン　zircon

※は、20世紀になって付け加えられたもの

# 着る

## ベビー・子ども用品

|  |  |  |
|---|---|---|
| おむつ | diaper | dái(ə)pə ダイパァ |
| 紙おむつ | disposable diaper | dɪspóuzəbl daɪ(ə)pə ディスポーザボー ダイパァ |
| よだれ掛け | bib | bíb ビブ |
| おしゃぶり | pacifier | pǽsəfàɪə パサファイア |
| 哺乳びん | nursing bottle | nə́ːsɪŋ bɑtl ナースィン ボトル |
| 粉ミルク | powdered milk | páudəd mɪlk パウダードゥ ミルク |
| 離乳食 | baby food | béɪbi fuːd ベイビィ フード |
| ベビー用品 | baby goods | béɪbi gudz ベイビィ グッズ |
| ベビーベッド | crib | kríb クリブ |
| おまる | potty | páti パティ |

### Column　赤ちゃんの成長

赤ちゃんはかわいいものです。しかし、育てるのは大変。

**My baby cries a lot at night.**
（私の赤ちゃんは夜泣きをします）
と言うこともあるでしょう。

**She started eating baby food.**
（彼女は離乳食を食べ始めました）
と成長を感じながら、

**My baby began to toddle along.**
（私の赤ちゃんはヨチヨチ歩きを始めました）
というころになると、ますます愛らしくなり、

**She's adorable.**
（彼女はかわいい）
と、心の底から言いたくなります。

# Baby / Kid goods

| | | |
|---|---|---|
| ガラガラ | rattle | rǽtl<br>ラル |
| ゆりかご | cradle | kréɪdl<br>クレイドル |
| 乳母車 | baby carriage | beɪbi kǽrɪdʒ<br>ベイビィ キャリッジ |
| ベビーカー | stroller | stróʊlə<br>ストローラァ |
| 子ども用 | for children | fə tʃíldrən<br>フォ チルドゥレン |
| おもちゃ | toy | tɔ́ɪ<br>トーイ |
| ままごとをする | play house | pleɪ haus<br>プレイ ハウス |
| つみ木 | blocks | bláks<br>ブラックス |
| 人形 | doll | dál<br>ドル |
| ミニカー | minicar | mínikàə<br>ミニカァ |

### 関連単語&文例

| | | | |
|---|---|---|---|
| おむつ | (英)nappy<br>ナッピィ | 子守 | baby-sitter<br>ベイビィスィッタァ |
| ベビーサークル | playpen<br>プレイペン | 子守歌 | lullaby<br>ララバイ |
| ハイハイする | crawl<br>クロール | なわとびをする | jump rope<br>ジャンプ ロープ |
| 指しゃぶり | thumb-sucking<br>サムサッキン | おにごっこをする | play tag<br>プレイ タッグ |
| おねしょ | bed-wetting<br>ベッドウエッティン | かくれんぼをする | play hide-and-seek<br>プレイ ハイドアンスィーク |

**How old is Sachiko-chan?**
サチコちゃんは生まれて何か月ですか？

**She's three months old.**
生まれて3か月です。

日常生活

## 着る 衣服の各部名称

| 襟（えり） | collar | kálə カラァ |
|---|---|---|
| 袖（そで） | sleeve | slíːv スリーヴ |
| 袖口 | cuff | kʌ́f カフ |
| 裾（すそ） | hem | hém ヘム |
| 丈（たけ） | length | léŋ(k)θ レンス |
| 胸部 | chest | tʃést チェスト |
| 胸部（女性の） | bust | bʌ́st バスト |
| ウエスト | waist | wéist ウェイストゥ |
| ヒップ | hips | híps ヒップス |
| 肩 | shoulder | ʃóuldə ショウルダァ |

### Column　サイズ直しの表現は

　洋服を買うときに、少しサイズを直してもらうことがあるかもしれません。
　長さの場合は、
**Would you shorten the skirt five centimeters ?**
（スカートを5cm短くしてもらえませんか？）
**Lengthen the hem, please.**
（裾を長くしてください）
　ちょっとゆるいのでつめてもらいたいときは、

**Would you take in the waist of this dress ?**
（このドレスのウエストをつめてくれませんか？）
と言えばよいのです。

# Parts of clothing

| 股下（またした） | inside leg | ɪnsaɪd leg インサイド レッグ |
|---|---|---|
| 股上 | rise | ráɪz ライズ |
| ボタン | button | bʌ́tn バトゥン |
| ボタン穴 | buttonhole | bʌ́tnhòʊl バトゥンホール |
| ファスナー | zipper | zípə ズィッパァ |
| ホック | hook | húk フック |
| ノースリーブ | sleeveless | slíːvles スリーヴレス |
| 半袖 | short-sleeves | ʃɔət slíːvs ショートゥ スリーヴス |
| 長袖 | long-sleeves | lɔːŋ slíːvs ロン スリーヴス |
| サイズ | size | sáɪz サイズ |

日常生活

### 関連文例

It's a little tight.　ちょっときついのですが。
It's a little loose.　ちょっとゆるいのですが。
It's just my size.　ちょうどぴったりです。

サイズはP.50を参照

# 着る　ファッション

| 化粧 | make-up | meɪk ʌp<br>メイカップ |
|---|---|---|
| 化粧品 | cosmetics | kɑzmétɪks<br>カズメティックス |
| （化粧品を）つける | put on | put an<br>プッタン |
| 口紅 | lipstick | lípstìk<br>リップスティック |
| マニキュア | nail polish | neɪl palɪʃ<br>ネイル ポリッシュ |
| 美容 | beauty care | bjuːti keə<br>ビューティ ケア |
| 美容院 | beauty parlor | bjuːti paələ<br>ビューティ パーラァ |
| 理容院（床屋） | barbershop | báəbəʃàp<br>バーバァシャップ |
| ヘアスタイル | hairstyle | héəstàɪl<br>ヘアスタイル |
| パーマ | perm | páːm<br>パーム |

### Column　ファッションに敏感な日本

　日本はファッションに敏感な国と言えると思います。いつもテレビや雑誌などで、
**What'll be a fashionable color for this autumn？**
（この秋の流行の色は何でしょう？）
などということが言われています。
　また、
**This dress is in fashion now.**
（このドレスは今流行しています）
**This is the latest fashion.**
（これは最新流行です）
といったことも、よく話題になります。

# Fashion

|  |  |  |
|---|---|---|
| ダイエット | diet | dáɪət ダイアッ |
| 流行の | fashionable | fǽʃ(ə)nəbl ファッショナボー |
| 流行遅れの | out of fashion | aut (ə)v fǽʃən アウタヴ ファッション |
| センス | taste | téɪst テイストゥ |
| ブランド品 | big-name brand goods | bɪg neɪm brænd gudz ビッグ ネイム ブラン グッズ |
| ファッションショー | fashion show | fǽʃən ʃou ファッション ショウ |
| 正装する | dress up | dres ʌp ドゥレス アップ |
| おしゃれをする | dress smartly | dres smáətli ドゥレス スマートゥリィ |
| 髪を切る | cut | kʌt カッ |
| 髪を染める | dye | dáɪ ダイ |

## 関連単語&文例

エステティックサロン **beauty-treatment clinic** ビューティ トリートメント クリニック

化粧品売り場 **cosmetics department** カズメティックス ディパートメント

ティッシュ **tissue paper** ティシュー ペイパァ

化粧下地 **make-up base** メイカップ ベイス

化粧水 **skin lotion** スキン ローシャン

化粧石けん **toilet soap** トイレット ソープ

除光液 **enamel remover** イナメル リムーヴァ

**I'm on a diet.**
私はダイエット中です。

**She has good taste in clothes.**
彼女は着る物のセンスがよい。

# 食べる 食事をする

|  |  |  |
|---|---|---|
| 食事 | meal | míːl ミール |
| 朝食 | breakfast | brékfəst ブレックファスト |
| 昼食 | lunch | lʌ́ntʃ ランチ |
| 夕食 | supper／dinner | sʌ́pə／dínə サパァ ディナァ |
| 間食 | snack | snǽk スナック |
| 夜食 | midnight snack | mídnait snǽk ミッドナイ スナック |
| 外食 | eating out | íːtiŋ aut イーティン アウ |
| 主食 | staple food | stéipl fúːd ステイポー フード |
| ごはん（米） | rice | ráis ライス |
| めん | noodles | núːdlz ヌードゥルズ |

## Column　外食の多いアメリカ人

　アメリカ人は、日本人に比べると生活の中で「食事」というものを、あまり重要視していないように思われます。

　食べ物は基本的に簡単なものが多く、共働きや父子、母子家庭が多いため、外食の回数が増えます。宅配ピザはもちろん、ファーストフードでディナーということも、めずらしくありません。

## Meals

|  |  |  |
|---|---|---|
| パン | bread | bréd / ブレッド |
| おかず | side dish | saɪd dɪʃ / サイド ディッシュ |
| みそ汁 | miso soup | mɪso suːp / ミソ スープ |
| おつまみ | appetizers | ǽpətàɪzəz / アペタイザーズ |
| 弁当 | lunch box | lʌntʃ baks / ランチ ボックス |
| インスタント食品 | precooked food | priːkukt fuːd / プリクックトゥ フード |
| 漬け物 | pickles | píklz / ピッコルズ |
| 出前（宅配） | delivery | dɪlívə)ri / ディリヴァリィ |
| 栄養 | nutrition | n(j)uːtríʃən / ニュートリシャン |
| 食べる | eat／have／take | íːt／hǽv／téik / イートゥ ヘアヴ テイク |

### 関連単語&文例

|  |  |
|---|---|
| おなかがすいた | be hungry （ビー ハングリィ） |
| おなかがすいて死にそう | be starving （ビー スターヴィン） |
| のどが渇いた | be thirsty （ビー サースティ） |
| のどがカラカラ | be parched （ビー パーチィド） |
| 栄養がある | nutritious （ニュートリシャス） |
| 食前酒 | aperitif （アペラティーフ） |
| 食べ残す | leave （リーヴ） |
| 食べすぎ | eat too much （イートゥ トゥー マッチ） |

[食事のときに便利な表現]
Dinner is ready !　夕食の用意ができましたよ！
Please help yourself.　好きなだけご自分でどうぞ。
Would you like another helping ?　おかわりはいかがですか？
I'm so full.　おなかがいっぱいです。

# 食べる 味を表現する

| 味 | taste | téɪst<br>テイストゥ |
|---|---|---|
| おいしい | delicious | dɪlíʃəs<br>デリシャス |
| まずい | nasty taste | næsti teɪst<br>ナスティ テイストゥ |
| 甘い | sweet | swíːt<br>スウィートゥ |
| 甘辛い | salty and sweet | sɔːlti ən(d) swíːt<br>ソルティ アン スウィートゥ |
| 辛い | hot | hát<br>ハッ |
| 塩辛い | salty | sɔ́ːlti<br>ソルティ |
| すっぱい | sour | sáuə<br>サウァ |
| 甘ずっぱい | sweet and sour | swíːt ən(d) sauə<br>スウィートゥ アン サウァ |
| 苦い | bitter | bítə<br>ビタァ |

## Column　日本人は味覚にデリケート

　日本人ほど舌がデリケートで、味にうるさい国民はあまりいません。私たちの味覚の判断には、もっと自信をもってよいと思います。
　おいしいと感じた場合は、
**This is tasty.**
（これはおいしいです）
**Would you give me the recipe ?**
（作り方を教えてくれませんか？）
と言います。
　逆に、あまりおいしくないときもちゃんと、

**It's a little too salty.**
（ちょっとしょっぱすぎます）
**You should add a little sugar.**
（砂糖を少し入れたほうがいいでしょう）
などと、自分の舌で感じたことを、ハッキリ言うことも大切です。

# Taste

|  |  |  |
|---|---|---|
| さっぱり | plain and simple | pleɪn ən(d) sɪmpl<br>プレイン アン スィンポー |
| こってり | heavy | hévi<br>ヘヴィ |
| 水っぽい | watery | wɔ́ːtəri<br>ウォータァリィ |
| 脂っぽい | fatty | fǽti<br>ファティ |
| 香ばしい | aromatic | əròumǽtik<br>アロウマティッ |
| まろやか | mellow | mélou<br>メロウ |
| 生臭い | fishy | fíʃi<br>フィッシィ |
| 味が薄い | weak | wíːk<br>ウィーク |
| 味が濃い | strong | strɔ́ːŋ<br>ストロン |
| 好き嫌い | likes and dislikes | laɪks ən(d) dɪslaɪks<br>ライクス アン ディスライクス |

日常生活

## 関連文例

[味に関するいろいろな表現]

**I'd like something plain and simple.**
　私はさっぱりした味が好きです。

**This is to my taste.**
　これは私の口に合います。

**It tastes nice, doesn't it?**
　口当たりがいいですね？

**This wine is very full-bodied.**
　このワインはこくがあります。

# 食べる　料理名

| | | |
|---|---|---|
| トースト | toast | tóust<br>トースト |
| サンドイッチ | sandwich | sǽn(d)wɪtʃ<br>サンウィッチ |
| ピザ | pizza | píːtsə<br>ピザ |
| スパゲティ | spaghetti | spəgéti<br>スパゲティ |
| ラーメン | ramen noodles | ramen nuːdlz<br>ラーメン　ヌードゥルズ |
| チャーハン | fried rice | fraɪd raɪs<br>フライド　ライス |
| おかゆ | rice porridge | raɪs pɔːrɪdʒ<br>ライス　ポリッジ |
| カレーライス | curry with rice | kəːri wɪð raɪs<br>カリー　ウイズ　ライス |
| シチュー | stew | st(j)úː<br>ステュー |
| ハンバーグ | hamburger steak | hæmbəːgə steɪk<br>ハンバーガァ　ステイク |

## Column　量が多いものはシェアーする

　外国で食事をするときに困るのが、その量です。ボリュームがありすぎて、とても食べきれないことが多いのです。

　もしも2人で食事をする場合は、メインディッシュなどを注文するときに、
**We'd like to share the dish.**
（料理を2人で分けて食べたいのですが）と言えば、ちゃんと2人分に分けて持ってきてくれるか、別に取り皿を用意してくれます。遠慮せずに頼むとよいでしょう。

　前菜からデザートまでのフルコースをすべてたいらげていくのは、日本人にとっては難しいことです。適当に残しながら進めていくのが、レストランでの食事を楽しむコツと言えるかもしれません。

# Dish

| | | |
|---|---|---|
| ステーキ | steak | stéɪk ステイク |
| サラダ | salad | sǽləd サラッドゥ |
| すし | sushi | súːʃi スシ |
| てんぷら | tempura | témpərə テンプラ |
| パエリヤ | paella | paːélə パーエリヤ |
| フォンデュー | fondue | fand(j)úː フォンデュー |
| バイキング料理 | smorgasbord | smɔ́ːgəsbɔ̀ːd スモーガスボード |
| ブイヤベース | bouillabaisse | bùːjəbéɪs ブーヤベイス |
| ボルシチ | borsch | bɔ́ːʃ ボーシュ |
| タコス | taco | táːkou ターコウ |

日常生活

## 関連単語&文例

[卵料理]

| 目玉焼き | fried eggs フライド エッグズ |
| 両面焼き | over easy オウヴァ イーズィ |
| オムレツ | omelet オムレット |
| 落とし卵 | poached egg ポーチド エッグ |

**This is my favorite.**
これは私の好物です。

**How would you like your eggs?**
卵をどのように料理いたしましょうか？

[ファーストフード]

| ハンバーガー | hamburger ハンバーガァ |
| ポテトフライ | French fries フレンチ フライズ |
| フライドチキン | fried chicken フライド チキン |
| シェイク | shake シェイク |

# 食べる 調理法

| 材料 | ingredients | ɪngríːdiənts イングリーディアンツ |
|---|---|---|
| 切る | cut | kʌ́t カッ |
| 刻む | mince | míns ミンス |
| むく | peel | píːl ピール |
| すりおろす | grind | gráind グラインド |
| 焼く | bake | béik ベイク |
| 炒める | sauté | sɔːtéi ソーテイ |
| あぶる | broil | brɔ́il ブロイル |
| 揚げる | fry | frái フライ |
| ゆでる、(湯を)わかす、煮る | boil | bɔ́il ボイル |

## Column　いっしょに料理を作る

　外国の人といっしょに、日本料理を作ったり、その国の料理を作ることができたら、きっと楽しいことでしょう。
　それにはまず、
**What ingredients do we need?**
（どんな材料が必要ですか？）
の会話に始まり、材料が手に入ったら、
**Would you help me cut the beef?**
（牛肉を切るのを手伝ってくれませんか？）

などということになり、お互いに、
**Would you show me how to do it?**
（やって見せてくれませんか？）
というようなことを言い合いながら、仲よく料理していくことになるのではないでしょうか。

## Cooking

| 煮込む | stew | st(j)úː ステュー |
|---|---|---|
| 蒸す | steam | stíːm スティーム |
| 漬ける | pickle | píkl ピックル |
| くんせいにする | smoke | smóuk スモウク |
| 溶かす | melt | mélt メルトゥ |
| 解凍する | defrost | dìːfrɔ́ːst ディーフロースト |
| だしをとる | prepare stock | prɪpéə stak プリペア ストック |
| 味をつける | season | síːzn スィーズン |
| 和える | dress | drés ドゥレス |
| 盛りつける | dish up | dɪʃ ʌp ディッシュ アップ |

日常生活

### 関連単語＆文例

[切り方あれこれ]

薄切りにする　slice スライス

厚切りにする
　　　cut ～ into thick slices
　　　カッ　イントゥ　スィック　スライスィズ

せん切りにする
　　　cut ～ into long thin strips
　　　カッ　イントゥ　ロン　スィン　ストゥリープス

さいの目に切る　dice ダイス

とろとろ煮る　simmer スィマァ

すりつぶす　mash マシュ

裏ごしする　puree ピュレイ

強火　high heat ハイ ヒート

中火　medium heat ミディアム ヒート

弱火　low heat ロウ ヒート

**Would you slice the meat?**　肉を薄切りにしてくれませんか？
**Please show me how to cook it.**　どうやって料理をするのか教えてください。

# 食べる　野菜

| | | |
|---|---|---|
| トマト | tomato | təméitou<br>トメイトゥ |
| なす | eggplant | églplænt<br>エッグプラント |
| きゅうり | cucumber | kjúːkʌmbə<br>キューカンバァ |
| ピーマン | green pepper | gríːn pepə<br>グリーン　ペパァ |
| キャベツ | cabbage | kǽbidʒ<br>キャベッジ |
| レタス | lettuce | létəs<br>レタス |
| ほうれんそう | spinach | spínitʃ<br>スパニッチ |
| もやし | bean sprouts | bíːn sprauts<br>ビーン　スプラウツ |
| ねぎ | green onion | gríːn ʌnjən<br>グリーン　アニアン |
| ごぼう | burdock | bə́ːdak<br>バーダック |

**Column**　アーティチョークの食べ方

アーティチョーク（artichoke）という西洋野菜はチョウセンアザミとも言い、最近は日本でも食べられるようになってきました。

この花の蕾(つぼみ)を塩味にゆで、ガクを1枚1枚歯でしごいて食べます。

# Vegetables

| 玉ねぎ | onion | ʌ́njən アニアン |
|---|---|---|
| パセリ | parsley | pɑ́əsli パースリ |
| セロリ | celery | séləri セラリ |
| ブロッコリー | broccoli | brákəli ブラッカリ |
| アスパラガス | asparagus | əspǽrəgəs アスパラガス |
| 大根 | radish | rǽdɪʃ ラディッシュ |
| にんじん | carrot | kǽrət キャラッ |
| かぼちゃ | pumpkin | pʌ́m(p)kɪn パンプキン |
| じゃがいも | potato | pətéɪtou ポティトウ |
| きのこ | mushroom | mʌ́ʃruːm マッシュルーム |

## 関連単語＆文例

| しょうが | ginger ジンジャァ | 青野菜 | green vegetable グリーン ヴェジタボー |
| かぶ | turnip ターナップ | 菜食主義者 | vegetarian ヴェジテリアン |
| さつまいも | sweet potato スィートゥ ポテイトウ | たけのこ | bamboo shoot バンブー シュート |
| えんどう豆 | pea ピィー | くわい | arrowhead bulb アロウヘッド バルブ |
| 大豆 (だいず) | soybean ソイビーン | しいたけ | Shiitake mushroom シイタケ マッシュルーム |
| 豆 | bean ビーン | ぎんなん | gingko nut ギンコウ ナットゥ |
| そら豆 | broad bean ブロード ビーン | 山菜 | edible wild plants エディボー ワイルド プランツ |

**What do you call this vegetable in English ?**
この野菜は英語でなんと言うのですか？

# 食べる　肉

| 牛肉 | beef | bíːf<br>ビーフ |
|---|---|---|
| 子牛の肉 | veal | víːl<br>ヴィール |
| 羊肉 | mutton | mʌ́tn<br>マトゥン |
| 子羊の肉 | lamb | lǽm<br>ラム |
| 鶏肉 | chicken | tʃík(ə)n<br>チキン |
| ひき肉 | minced meat | mɪnst  míːt<br>ミンストゥ　ミートゥ |
| ハム | ham | hǽm<br>ハム |
| ベーコン | bacon | béɪk(ə)n<br>ベイカン |
| ソーセージ | sausage | sɔ́ːsɪdʒ<br>ソースィッジ |
| フランクフルトソーセージ | franfurter | frǽŋkfətə<br>フランクファタァ |

## ミニ知識　部位による肉の呼び方

●牛の肉　　　　　●豚の肉（pork）

①**chuck**　肩ロース
②**rib**　あばら肉
③**filet mignon**　ヒレ
④**sirloin**　ロース
⑤**rump**　尻肉

⑥**brisket**　胸肉
⑦**short rib**　三枚肉
⑧**flank**　脇腹肉
⑨**foreshank**　前すね肉
⑩**backshank**　後ろすね肉

①**jowl**　頬（ほお肉）
②**loin**　ロース
③**ham**　もも肉
④**hock**　脚肉
⑤**bacon**　バラ肉
⑥**shank**　すね肉

## Meat

| | | |
|---|---|---|
| ウィンナーソーセージ | wiener | wíːnə<br>ウィーナァ |
| サラミ | salami | səláːmi<br>サラーミ |
| ビーフジャーキー | beef jerky | bıːf dʒəːki<br>ビーフ　ジャーキィ |
| 鳥の肉（総称） | poultry | póultri<br>ポウルトゥリ |
| 七面鳥 | turkey | təːki<br>ターキィ |
| がちょう | goose | gúːs<br>グース |
| あひる | duck | dʌk<br>ダック |
| はと | pigeon | pídʒən<br>ピジャン |
| うずら | quail | kwéil<br>クウェイル |
| ホロホロ鳥 | guinea fowl | gıni faul<br>ギニー　ファウル |

日常生活

### 関連単語＆文例

[チキンのいろいろ]

丸ごとチキン　　**whole chicken**
　　　　　　　　ホール　チキン

胸肉　　　　　　**breast**
　　　　　　　　ブレスト

**How would you like your steak ?**
　ステーキはどのように焼きますか？

**I'd like my steak medium.**
　ミディアムに焼いてください。

**Medium, please.**
　ミディアムでお願いします。

骨なし胸肉　　**boneless breast**
　　　　　　　ボンレス　ブレスト

手羽肉　　　　**wing**
　　　　　　　ウィング

レバー　　　　**chicken liver**
　　　　　　　チキン　リヴァ

砂ぎも　　　　**gizzard**
　　　　　　　ギザァド

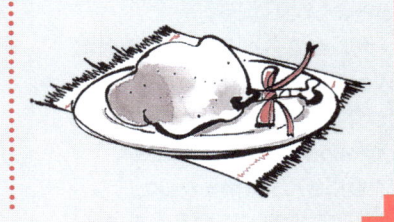

# 食べる　魚介類

|  |  |  |
|---|---|---|
| いわし | sardine | sàədíːn　サーディーン |
| すずき | sea bass | sìː bǽs　スィー バス |
| まぐろ | tuna | t(j)úːnə　トゥーナ |
| （大きな）えび | prawn | prɔ́ːn　プローン |
| ロブスター | lobster | lábstə　ラブスタァ |
| かに | crab | krǽb　クラブ |
| たらばがに | king crab | kíŋ krǽb　キング クラブ |
| いか | squid | skwíd　スクウィッド |
| 貝 | shellfish | ʃélfiʃ　シェルフィッシュ |
| ムール貝 | mussel | mʌ́sl　マッスル |

### Column　魚のいろいろな食べ方

　欧米では、魚はたいてい **sauté**（いためる）などをして食べることが多いようです。それに対して日本では、煮たり焼いたり揚げたりします。いろいろな魚の食べ方を教えてあげるとよいでしょう。
　刺し身で食べるという場合は、
**We eat tuna raw.**
（まぐろを生で食べます）
**I broiled saury for dinner.**
（夕食にさんまを焼きました）
また、煮魚をすすめるときは、

**Try some boiled flounder.**
（かれいの煮たのをどうぞ）
と言います。

## Seafood

| | | |
|---|---|---|
| ほたて貝 | scallop | skáləp スカラップ |
| あわび | abalone | æbəlóuni アバロウニ |
| かつお | bonito | bəníːtou バニートゥ |
| かれい | flounder | fláundə フラウンダァ |
| さば | mackerel | mǽk(ə)rəl マッカラル |
| 舌びらめ | sole | sóul ソウル |
| にしん | herring | hériŋ ヘリン |
| ぶり | yellowtail | jélouteɪl イエローテイル |
| ハリバット(大かれい) | halibut | hǽləbət ハリバッ |
| ます | trout | tráut トゥラウ |

日常生活

### 関連単語&文例

[日本人がよく食べる魚介類]

| | | | | |
|---|---|---|---|---|
| たこ | octopus オクタパス | | しゃこ | mantis shrimp マンティス シュリンプ |
| すじこ | salmon roe サーモン ロウ | | しらすぼし | dried whitebait ドライド ワイトベイト |
| うに | sea urchin スィー アーチン | | たらこ | cod roe カッド ロウ |
| かつお節 | dried bonito ドライド バニート | | つみれ | ground sardine ball グラウンド サーディーンボール |
| こんぶ | kelp ケルプ | | なまこ | sea cucumber スィー キューカンバァ |
| | | | ふぐ | globefish グロウブフィッシュ |

We bake fish very often. 私たちはよく魚を焼いて食べます。
The fatty meat of tuna is very tasty. まぐろのトロはとてもおいしいのです。

# 食べる　豆製品・乳製品・油

|  |  |  |
|---|---|---|
| 小豆（あずき） | red bean | red bíːn / レッド　ビーン |
| 大豆（だいず） | soybean | sɔ́ibìːn / ソイビーン |
| グリーンピース | peas | píːs / ピース |
| いんげん豆 | kidney bean | kídniː bíːn / キドニィ　ビーン |
| 落花生 | peanut | píːnʌ̀t / ピーナッ |
| 豆腐 | bean curd／tofu | bíːn kəːd／tóufuː / ビーン　カード　トーフー |
| 豆乳 | soybean milk | sɔ́ibìːn mílk / ソイビーン　ミルク |
| 牛乳 | milk | mílk / ミルク |
| 練乳 | condensed milk | kəndénst mílk / カンデンスト　ミルク |
| 生クリーム | fresh cream | fréʃ kríːm / フレッシュ　クリーム |

## Column　牛乳やチーズの種類

　牛乳と言っても最近は種類が増えてきたので、
**Which milk do you usually have？**
（いつもはどのミルクを飲んでいるのですか？）
と確認したほうがよいでしょう。それに対しては、
**I have low-fat milk.**
（脂肪分の少ないミルクを飲んでいます）
などと答えます。全乳は **regular milk** または **whole milk**、脱脂乳は **non-fat milk** または **skim milk** と言います。
　チーズについても、
**Which cheese is good for this wine？**
（このワインにはどのチーズが合いますか？）
**I suggest blue cheese for this wine.**
（このワインにはブルーチーズがいいと思います）
などという会話が必要になるかもしれません。

# Bean products / Dairy products / Oil

| | | |
|---|---|---|
| アイスクリーム | ice cream | aɪs kriːm<br>アイス クリーム |
| ヨーグルト | yogurt | jóugəːt<br>ヨガットゥ |
| チーズ | cheese | tʃíːz<br>チーズ |
| 粉ミルク | dried milk | draɪd mɪlk<br>ドライド ミルク |
| 油 | oil | ɔ́ɪl<br>オイル |
| オリーブ油 | olive oil | alɪv ɔɪl<br>オリヴ オイル |
| ごま油 | sesame oil | sesəmi ɔɪl<br>セサミ オイル |
| バター | butter | bʌ́tə<br>バタァ |
| マーガリン | margarine | máədʒ(ə)rɪn<br>マジャリーン |
| ラード | lard | láəd<br>ラード |

## 関連単語&文例

| | | | |
|---|---|---|---|
| 生クリーム | (英) double cream<br>ダボー クリーム | なまあげ | fried bean curd<br>フライド ビーン カード |
| ホモ牛乳 | homogenized milk<br>ハマジャナイズド ミルク | ソフトクリーム | soft-served ice cream<br>ソフトサーヴド アイス クリーム |
| 低温殺菌牛乳 | pasteurized milk<br>パスチャライズド ミルク | | |
| サワークリーム | sour cream<br>サワー クリーム | | |
| おから | tofu residue<br>トーフー レザデュー | | |

**Where's the cheese?**
　チーズはどこにありますか？

**It's in the third aisle.**
　それは3番目の棚にあります。

## 食べる　果物・菓子

| いちご | strawberry | strɔ́:bèri ストローベリィ |
|---|---|---|
| 桃 | peach | pí:tʃ ピーチ |
| ぶどう | grape | gréip グレイプ |
| りんご | apple | ǽpl アポー |
| オレンジ | orange | ɔ́:rindʒ オーリンジ |
| みかん | mandarin orange | mǽndərin ɔ́:rindʒ マンダリン　オーリンジ |
| レモン | lemon | lémən レマン |
| バナナ | banana | bənǽnə バナナ |
| すいか | watermelon | wɔ́:təmèlən ウォーターメラン |
| メロン | melon | mélən メラン |

### Column　アップルパイはママの味

　アメリカ人にとって、アップルパイはとても意味のある大切な食べ物です。日本のお正月に食べるお雑煮の味が各家庭によって違うように、アメリカではその味やスタイルが、家庭や地域によって異なるようです。

　アップルパイは、アメリカ人にとっての「おふくろの味」(**the taste of home cooking**)と言ってもよいでしょう。

## Fruit／Candies

| | | |
|---|---|---|
| クッキー | cookie | kúki<br>クッキィ |
| ケーキ | cake | kéɪk<br>ケイク |
| パイ | pie | páɪ<br>パイ |
| アップルパイ | apple pie | ǽpl paɪ<br>アポー パイ |
| チョコレート | chocolate | tʃák(ə)lət<br>チャカラッ |
| プリン | pudding | púdɪŋ<br>プディン |
| ゼリー | Jell-o | dʒélou<br>ジェロウ |
| シャーベット | sherbet | ʃə́:bət<br>シャーバッ |
| あめ | candy | kǽndi<br>キャンディ |
| ガム | gum | gʌ́m<br>ガム |

日常生活

### 関連単語＆文例

| 種なしぶどう | seedless grapes<br>スィードレス グレイプス |
| なし（梨） | pear<br>ペア |
| かき（柿） | persimmon<br>パースィマン |
| キウイ | kiwi<br>キィウィ |
| さくらんぼ | cherry<br>チェリィ |

| 熟した | ripe<br>ライプ |
| アボカド | avocado<br>アヴァカードウ |
| 団子（だんご） | dumpling<br>ダンプリン |
| おせんべ | rice cracker<br>ライス クラッカァ |
| 風船ガム | bubble gum<br>バボー ガム |

**This avocado is ripe enough.**
このアボカドはちょうどよく熟しています。

**This orange is very juicy.**
このオレンジはとても水分が多くておいしいです。

## 食べる 飲み物

| 水 | water | wɔ́ːtə ウォータァ |
|---|---|---|
| コーヒー | coffee | kɔ́ːfi コーフィ |
| 紅茶 | tea | tíː ティー |
| 緑茶 | green tea | gríːn tíː グリーン ティー |
| オレンジジュース | orange juice | ɔ́ːrindʒ dʒúːs オーリンジ ジュース |
| ココア | cocoa | kóukou コウコウ |
| ソーダ | soda | sóudə ソーダ |
| コーラ | cola | kóulə コーラ |
| 炭酸飲料 | carbonated drink | kɑəbəneitid driŋk カーバネイティッド ドリンク |
| スポーツ飲料 | sports drink | spɔ́ːts driŋk スポーツ ドリンク |

### Column　ひと休みしたいときは

　仕事の合い間に、ちょっとひと休みしようという場合、アメリカ人は **Let's have a coffee break！**（コーヒーを飲んでちょっと休みましょう！）と言います。一方、イギリス人なら **Shall we have a tea break？**（紅茶を飲んでひと休みしませんか？）になります。

　コーヒーを入れてもらうときは、**With cream and sugar.**（クリームと砂糖を入れてください）**Black, please.**（ブラックでお願いします）と自分の好みをはっきりと伝えてください。

　紅茶の場合は、**tea with milk**（ミルクティー）、**tea with lemon**（レモンティー）の表現も覚えておきましょう。

# Drink

| 日本酒 | sake | sáːki サーキ |
|---|---|---|
| ビール | beer | bíə ビア |
| ワイン | wine | wáɪn ワイン |
| カクテル | cocktail | káktèɪl カクテイル |
| ウイスキー | whisky | (h)wíski ウィスキー |
| ブランデー | brandy | brǽndi ブランディ |
| バーボン | bourbon | bəːb(ə)n バーバン |
| 水割り | whisky and water | (h)wɪski ən(d) wɔːtə ウイスキー アン ウォータァ |
| ロック | whisky on the rocks | (h)wɪski an ðə raks ウイスキー アン ザ ロックス |
| 下戸（げこ） | non-drinker | nan drɪŋkə ノン ドリンカァ |

日常生活

### 関連単語＆文例

| 地酒 | local sake ローコー サーキ |
| 果実酒 | fruit liquor フルートゥ リカァ |
| ソフトドリンク | soft drink ソフト ドリンク |
| 飲料 | beverages ビヴァリッジィズ |
| 麦茶 | toasted barley tea トースティッド バーレイ ティー |
| 煎茶 | green tea middle grade グリーン ティー ミドル グレイド |
| 番茶 | coarse tea コース ティー |
| 抹茶 | powdered green tea パウダード グリーン ティー |

| ウーロン茶 | oolong tea ウーロン ティー |
| ハーブ茶 | herb tea ハーブ ティー |
| コーヒーわかし | coffee-maker カーフィ メイカァ |
| ドリップ式コーヒーわかし | dripolator ドゥリッポレイタァ |
| ろ過装置付きコーヒーわかし | percolator パーカレイタァ |

**Shall we drop in at the coffee shop ?** コーヒーショップでひと休みしませんか？

# 食べる 調味料・香辛料

| | | |
|---|---|---|
| 塩 | salt | sɔ́ːlt<br>ソールト |
| 砂糖 | sugar | ʃúgə<br>シュガァ |
| 酢 | vinegar | vínɪgə<br>ヴィニガァ |
| しょうゆ | soy sauce | sɔ́ːi sɔ́ːs<br>ソーイ ソース |
| こしょう | pepper | pépə<br>ペパァ |
| 唐辛子 | red pepper | red pépə<br>レッド ペパァ |
| マスタード | mustard | mʌ́stəd<br>マスタード |
| タバスコ | Tabasco | təbǽskou<br>タバスコ |
| にんにく | garlic | gáːlik<br>ガーリック |
| ケチャップ | ketchup | kétʃəp<br>ケチャップ |

## Column　サラダにドレッシングはつきもの

　レストランで、
**I'd like to have Caesar salad.**
（シーザーサラダをお願いします）
などとサラダを注文すると、待ってましたとばかりにウェイターが早口で、
**What kind of dressing would you like？**
（ドレッシングは何がよろしいですか？）
と聞いてきます。
　あまり早口なので聞き取れないことが多く、思わず、

**Pardon？**
（もう一度言ってください）
と聞き返すことになります。
　ですから、気に入りのドレッシングがあれば、聞かれる前に、
**Italian dressing, please.**
（イタリアンドレッシングをお願いします）
などと言ってしまうように、決めておくとよいでしょう。

## Seasoning / Spice

|  |  |  |
|---|---|---|
| マヨネーズ | mayonnaise | méɪənèɪz メイアネーズ |
| ドレッシング | dressing | drésɪŋ ドゥレッスィン |
| ウスターソース | Worcestershire sauce | wústəʃɪə sɔːs ウスタシア ソース |
| しょうが | ginger | dʒíndʒə ジンジャァ |
| サフラン | saffron | sǽfrən サフラン |
| バジル | basil | bǽzl バズル |
| シナモン | cinnamon | sínəmən スィナマン |
| ミント | mint | mínt ミントゥ |
| ナツメグ | nutmeg | nʌ́tmeg ナットメグ |
| パプリカ | paprika | pəpríːkə パプリカ |

日常生活

### 関連単語

グルタミン酸ソーダ（化学調味料）
**monosodium glutamate＝MSG**
モノソディアム グルータメイト エムエスジー

食品添加物 **food additive**
フード アダティヴ

保存料 **preservative**
プリザーヴァティヴ

ベイリーフ **bay leaf**
ベイ リーフ

ターメリック **turmeric**
ターマリック

テリヤキソース **teriyaki sauce**
テリヤキ ソース

わさび **Japanese horseradish**
ジャパニーズ ホースラディッシュ

# 食べる 飲食店・食料品店

| | | |
|---|---|---|
| 喫茶店 | coffee shop | kɔːfi ʃap<br>コーフィー シャップ |
| バー | bar | báə<br>バァ |
| 居酒屋 | Japanese pub | dʒæpəniːz pʌb<br>ジャパニーズ パブ |
| ファーストフード店 | fast food restaurant | fæst fuːd rest(ə)rənt<br>ファースト フード レストラン |
| 日本料理店 | Japanese restaurant | dʒæpəniːz rest(ə)rənt<br>ジャパニーズ レストラン |
| すし屋 | sushi bar | suːʃi baə<br>スシ バァ |
| 中華料理店 | Chinese restaurant | tʃaıniːz rest(ə)rənt<br>チャイニーズ レストラン |
| フランス料理店 | French restaurant | frentʃ rest(ə)rənt<br>フレンチ レストラン |
| イタリア料理店 | Italian restaurant | ıtæljən rest(ə)rənt<br>イタリアン レストラン |
| タイ料理店 | Thai restaurant | taı rest(ə)rənt<br>タイ レストラン |

## Column　サービスによってチップの額は変わる

　欧米を旅して、頭を悩ませるのがチップです。いったいいくらあげればよいのか迷う場合があります。

　普通は料金の15〜20％ということになっているようですが、これも決まっているわけではなく、サービスがよければそれ以上渡してもかまいませんし、あまりに悪ければあげる必要もないのです。

　まったくやらないのはちょっと、と思う場合はほんの少しあげればよいのです。そうやって、自分の意志をはっきりと相手に知らせることが大切です。そうすると、次に行った日本人の旅行者は、物事をよく知っているお客様としてより大切に扱われるのです。

　また、ファーストフードやコーヒーショップなどではチップを払わなくてもよい場合が多いようです。

## Restaurants／Groceries

CD-1 34

|  |  |  |
|---|---|---|
| スーパーマーケット | supermarket | súːpəmàəkɪt<br>スーパーマーキッ |
| コンビニエンス・ストア | convenience store | kənvíːnjəns stɔə<br>カンヴィニエンス ストア |
| 肉屋 | butcher store | bútʃə stɔə<br>ブッチャァ ストア |
| 魚屋 | fish market | fɪʃ máəkɪt<br>フィッシュ マーキッ |
| 八百屋 | vegetable store | védʒtəbl stɔə<br>ヴェジタボー ストア |
| お菓子屋 | candy store | kǽndi stɔə<br>キャンディ ストア |
| 和菓子屋 | Japanese cake shop | dʒæpəníːz keɪk ʃap<br>ジャパニーズ ケイク シャップ |
| パン屋 | bakery | béɪk(ə)ri<br>ベイカリィ |
| ケーキ屋 | cake shop | keɪk ʃap<br>ケイク シャップ |
| デリカテッセン | delicatessen | dèlɪkətésn<br>デリカテッスン |

日常生活

### 関連単語＆文例

八百屋　　(英) green grocery
　　　　　　　グリーン グローサリィ
お菓子屋　(英) sweet shop
　　　　　　　スウィート シャップ
酒屋　　　(英) off license
　　　　　　　アフ ライスンス
ホットドッグの屋台
　　　　　hot dog stand
　　　　　　　ハッダッ スタンド
やきとりの屋台
　　　　　grilled chicken stand
　　　　　　　グリルド チキン スタンド

ドライブ・スルーのファーストフード

drive through fast food restaurant
ドライヴ スルー ファースト フード レストラン

**Is there a convenience store around here?**　このあたりにコンビニはありませんか？
**Let's get something to drink.**　何か飲み物を買いましょう。

# 食べる レストラン

|  |  |  |
|---|---|---|
| メニュー | menu | ménjuː メニュー |
| 注文 | order | ɔ́ədɚ オーダァ |
| 一品料理 | à la carte | àːləkáət アラカルト |
| コース料理 | full course menu | ful kɔəs menjuː フル コース メニュー |
| 特別料理 | specialties | spéʃəltiz スペシャルティズ |
| 前菜 | appetizers | ǽpətàizəz アパティザーズ |
| メインディッシュ | main dish | mein diʃ メイン ディッシュ |
| 肉料理 | meat dishes | miːt diʃiz ミート ディッシュイズ |
| 魚料理 | fish dishes | fiʃ diʃiz フィッシュ ディッシュイズ |
| デザート | dessert | dizɚ́ːt ディザート |

## Column　トラブル解決の英会話

　レストランでは、次のような表現を覚えておくと便利です。

●よい席が欲しいとき
**Would you give us a table near the window ?**
（窓側の席をお願いできますか？）

●料理がなかなかこないとき
**We're still waiting for our food.**
（まだ料理がこないのですが）

●料理を間違えて持ってきたとき
**I didn't order this.**
（これは注文していません）

●勘定が違うとき
**I think there's an error in the bill.**
（勘定が違っています）

　いずれにせよ、自分の思ったことを相手にしっかりと伝えることが、コミュニケーションの基礎であるということを忘れないでください。

# Restaurant

|  |  |  |
|---|---|---|
| コック | cook | kúk クック |
| シェフ | chef | ʃéf シェフ |
| ウェイトレス | waitress | wéɪtrəs ウエイトレス |
| ウェイター | waiter | wéɪtə ウエイタァ |
| ソムリエ | sommelier | sὰməljéɪ サマリエ |
| マナー | manners | mǽnəz マナーズ |
| ナプキン | napkin | nǽpkɪn ナプキン |
| 予約 | reservation | rèzəvéɪʃən レザヴェイシャン |
| 予約席 | reserved seat | rɪzə́ːvd síːt リザーヴド スィート |
| 満員 | full | fúl フル |

日常生活

### 関連単語＆文例

| | | | | |
|---|---|---|---|---|
| ソムリエ | wine steward ワイン スチュワード | | チップ | tip ティップ |
| スープ | soup スープ | | 勘定書 | bill／check ビル／チェック |
| ポタージュ | potage ポタージュ | | 計算 | calculation キャルキュレイシャン |
| コンソメ | consommé カンサメイ | | 間違い | mistake ミステイク |
| 定食 | table d'hôte テーボードット | | 会計 | cashier キャッシア |

We enjoyed dinner very much.
　とてもすばらしいディナーでした。
What's your suggestion ?
　何かおいしいものを教えてください。

# 食べる 食器・調理器具

| | | |
|---|---|---|
| （深い）皿 | dish | díʃ<br>ディッシュ |
| グラス | glass | glǽs<br>グラス |
| コップ | cup | kʌ́p<br>カップ |
| コーヒーカップ | coffee cup | kɔːfi kʌp<br>コーフィ カップ |
| 急須 | teapot | tíːpàt<br>ティーパッ |
| ナイフ | knife | náif<br>ナイフ |
| フォーク | fork | fɔ́ːk<br>フォーク |
| スプーン | spoon | spúːn<br>スプーン |
| はし | chopsticks | tʃápstìks<br>チャップスティックス |
| 包丁 | kitchen knife | kítʃən naif<br>キッチン ナイフ |

## Column　台所での英会話

　人に何かをしてもらいたいと頼む場合は、**Would you** を使い、
**Would you put the pot on the stove ?**
（鍋をレンジにかけてくれませんか？）
**Would you take the ladle for me ?**
（玉じゃくしを取ってくれませんか？）
などと言います。
　この文に出てくる "**stove**" は、日本語で言うストーブのことではなく、料理用レンジのことなので注意が必要です。

　ちなみに、ストーブのことは "**heater**" と言います。

# Tableware／Cooking utensils

| | | | |
|---|---|---|---|
| 皮むき器 | peeler | píːlə | ピーラァ |
| まな板 | cutting board | kʌtɪŋ bɔːd | カッティン ボード |
| （浅い）鍋 | pan | pǽn | パン |
| やかん | kettle | kétl | ケトル |
| フライパン | frying pan | fraɪŋ pæn | フライン パン |
| ざる | bamboo sieve | bæmbuː sɪv | バンブー スィヴ |
| ボール | bowl | bóul | ボウル |
| 料理用レンジ | stove | stóuv | ストウヴ |
| オーブン | oven | ʌ́v(ə)n | アヴン |
| ポット | thermos bottle | θəːməs batl | サーマス バトル |

日常生活

### 関連単語＆文例

| | | | |
|---|---|---|---|
| 食器棚 | cupboard カバァド | ポット | (英) thermos flask (bottle) サーマス フラスク バトル |
| 浅い皿 | plate プレイト | 泡立て器 | whisk ウィスク |
| 大皿 | platter プラタァ | 茶碗 | rice bowl ライス ボウル |
| （コーヒーなどの）受け皿 | saucer ソーサァ | しゃもじ | rice scooper ライス スクーパァ |
| ワイングラス | wine glass ワイン グラス | 炊飯器 | rice cooker ライス クッカァ |
| ゴブレット | goblet ガブレッ | おろし金 | grater グレイタァ |
| 深い鍋 | pot ポッ | 洗剤 | detergent ディタージャン |

This glass is very nice.　このグラスはとてもしゃれています。

This kitchen knife looks very sharp.　この包丁はよく切れそうです。

## 住む 不動産

| 土地 | property | prápəti ブラパティ |
|---|---|---|
| アパート探し | apartment hunting | əpáətmənt hʌ́ntɪŋ アパートメント ハンティン |
| 家探し | house hunting | haus hʌ́ntɪŋ ハウス ハンティン |
| 不動産屋 | realtor | ríːəltə リアルタァ |
| 家具付き | furnished | fəːnɪʃt ファーニッシュト |
| 家具なし | unfurnished | ʌnfəːnɪʃt アンファーニッシュト |
| 賃貸契約 | lease | líːs リース |
| 売買契約 | contract for sale | kántrækt fə seɪl カントラクト フォ セイル |
| 頭金 | down payment | daun peɪmənt ダウン ペイメント |
| 住宅ローン | mortgage | mɔ́əgɪdʒ モーギッジ |

### Column  部屋を借りるための英会話

海外で部屋を借りることになったら、まず聞かなければならないのは家賃です。
**How much is the rent ?**
（家賃はいくらですか？）

次に、
**Are utilities included in the rent ?**
（光熱費は家賃に含まれていますか？）と尋ねます。日本では、光熱費が家賃に含まれていないのが普通ですが、アメリカでは含まれていることがあります。

その部屋が気に入って、借りることに決めたら、
**When is the apartment available ?**
（アパートはいつから入れますか？）と確認したほうがよいでしょう。

# Real estate

| 月々の返済額 | monthly payment | mʌ́nθli péɪmənt マンスリ ペイメント |
|---|---|---|
| 借家人 | tenant | ténənt テナント |
| 敷金 | deposit | dɪpɑ́zɪt ディパズィッ |
| 家賃 | rent | rént レント |
| 家主 | landlord | lǽn(d)lɔ̀ːd ランロード |
| 更新 | renewal | rɪn(j)úːəl リニューアル |
| 違約金 | penalty | pénlti ペナルナィ |
| 食事付きの下宿 | room and board | rúːm ən(d) bɔ́əd ルーム アン ボード |
| 入居可能な | available | əvéɪləbl アヴェイラボー |
| 光熱費 | utilities | juːtíɫətiz ユーティラティズ |

## 関連単語&文例

| 契約が切れる | expire イクスパイア |
| 入居人 | resident レズィデント |
| 番地 | house number ハウス ナンバァ |
| 女家主 | landlady ランドレイディ |
| 場所 | location ロケイシャン |

不動産屋　(英)estate agent イステイト エイジェント
エーカー　acre エイカァ
1acre≒4047m²≒1226坪

**This house is well-planned.**
この家は間取りがよくできています。

**Would you go apartment hunting with me？**
いっしょにアパート探しをしてくれませんか？

# 住む

## 家の種類と各部名称

| 一戸建て | single-family house | síŋgl fǽm(ə)li háus<br>スィンゴー ファミリィ ハウス |
|---|---|---|
| アパート | apartment | əpáətmənt<br>アパートメント |
| マンション | condominium | kàndəmíniəm<br>カンドミニアム |
| 寮 | dormitory | dɔ́ːmətɔ̀ːri<br>ドミトリィ |
| 別荘 | cottage | kátɪdʒ<br>カティッジ |
| 門 | gate | géɪt<br>ゲイト |
| 表札 | name plate | néɪm pléɪt<br>ネイム プレイト |
| 郵便受け | mailbox | méɪlbàks<br>メイルボックス |
| 玄関 | front door | frʌ́nt dɔ́ə<br>フラン ドア |
| ドア | door | dɔ́ə<br>ドア |

### Column　部屋選びのポイントは

　家でも部屋でも、よく日が当たるのに越したことはないので、
**This room gets much sunshine.**
（この部屋は日当たりがいいですね）
あるいは、

**This house is facing southeast, isn't it ?**
（この家は南東向きですね）
というようなことが、住む場所としてのポイントの１つになります。

# House

| 窓 | window | wíndou ウィンドウ |
|---|---|---|
| 階段 | stairs | stéəz ステアズ |
| 床 | floor | flɔə フロア |
| 壁 | wall | wɔ́ːl ウォール |
| 廊下 | corridor | kɔ́ːrədə コラダァ |
| 庭 | garden | gáədn ガードゥン |
| ガレージ | garage | gəráːʒ ガラージ |
| 屋根 | roof | rúːf ルーフ |
| 2階建て | two-story house | tuː stɔːri haus トゥ ストーリィ ハウス |
| 住む | live | lív リィヴ |

日常生活

## 関連単語&文例

| 一戸建て | (英)detached house ディタッチト ハウス | メゾネット | duplex apartment デュープレクス アパートメント |
| アパート | (英)flats フラッツ | 煙突 | chimney チムニィ |
| マンション | (略称)condo コンドー | 塀 | fence フェンス |
| 寮 | (略称)dorm ドーム | 錠（じょう） | lock ラック |
| 下宿 | boarding house ボーディン ハウス | 鍵（かぎ） | key キィ |
| 賃貸マンション | high-rise apartment ハイライズ アパートメント | 暖炉 | fireplace ファイアプレイス |

You have a nice view of the ocean. 海がよく見えますね。
His house is in the residential area. 彼の家は住宅地にあります。
She lives in the condo near the station. 彼女は駅の近くのマンションに住んでいます。

## 住む 部屋の名前

| 居間 | living room | lívɪŋ ruːm リヴィン　ルーム |
|---|---|---|
| 応接間 | drawing room | drɔ́ːɪŋ ruːm ドゥローウィン　ルーム |
| 食堂(ダイニング・ルーム) | dining room | dáɪnɪŋ ruːm ダイニン　ルーム |
| 書斎 | study | stʌ́di スタディ |
| 仕事部屋 | workroom | wə́ːkrùːm ワークルーム |
| 子ども部屋 | children's room | tʃíldrənz ruːm テルドレンズ　ルーム |
| 台所 | kitchen | kítʃən キッチン |
| 洗面所 | washroom | wáʃrùːm ワッシュルーム |
| 浴室 | bathroom | bǽθrùːm バスルーム |
| トイレ | restroom | réstrùːm レストルーム |

### Column　ユーティリティ・ルームとは

　ほとんどのアメリカの家には、ユーティリティ・ルームという小部屋があります。そこには洗濯機や掃除機を置いたり、アイロン台などもあってアイロンをかけたりします。

　だから、ホームステイなどに行って部屋を掃除しようという場合は、**You can find a vacuum cleaner in the utility room.**
（掃除機はユーティリティ・ルームにあります）
と言われることになるわけです。

　イギリスでは、この部屋のことを **service room** と呼んでいます。

# Rooms

|  |  |  |
|---|---|---|
| ベランダ | veranda | vərǽndə ヴェランダ |
| 寝室 | bedroom | bédrùːm ベッドルーム |
| 来客用寝室 | guest room | gest ruːm ゲスト ルーム |
| 屋根裏部屋 | attic | ǽtɪk アティック |
| 地下室 | basement | béɪsmənt ベイスメント |
| ワインセラー | wine cellar | waɪn selə ワイン セラァ |
| 押し入れ | closet | klɑ́zɪt クラズィッ |
| 納屋（なや） | barn | báən バーン |
| 物置 | storage room | stɔ́ːrɪdʒ ruːm ストーリッジ ルーム |
| 洗濯室 | laundry room | lɔ́ːndri ruːm ローンドゥリィ ルーム |

日常生活

## 関連単語＆文例

|  |  |  |  |
|---|---|---|---|
| 応接間 | (英) sitting room スィッティン ルーム | バルコニー | balcony バルカニィ |
| 小部屋 | den デン | テラス | terrace テラス |
| 家族室 | family room ファミリィ ルーム | サンルーム | sunroom サンルーム |
| 運動室 | exercise room エクササイズ ルーム | 食料室 | pantry パントゥリィ |
| 物置 | (英) boxroom ボックスルーム | 間取り | floor plan フロア プラン |

**Your kitchen is very convenient.**
あなたの台所は便利にできていますね。

**Your living room is very spacious.**
居間がとても広々としていますね。

# 住む

## 家具・寝具

|  |  |  |
|---|---|---|
| 家具 | furniture | fə́ːnitʃə ファーニチァァ |
| 食卓 | dining table | dáiniŋ téibl ダイニン テイボー |
| 机 | desk | désk デスク |
| いす | chair | tʃéə チェア |
| ソファー | sofa | sóufə ソウファ |
| たんす | chest | tʃést チェスト |
| 本棚 | bookshelf | búkʃèlf ブックシェルフ |
| 洋服だんす | wardrobe | wɔ́ədròub ウォードゥロウブ |
| 鏡 | mirror | mírə ミラァ |
| ストーブ | heater | híːtə ヒータァ |

### ミニ知識 | 覚えておきたいインテリア用品の呼び方

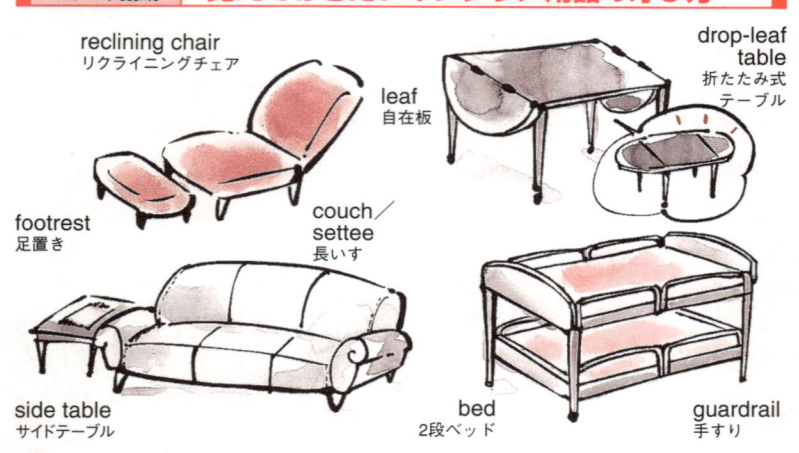

- reclining chair リクライニングチェア
- leaf 自在板
- drop-leaf table 折たたみ式テーブル
- footrest 足置き
- couch／settee 長いす
- side table サイドテーブル
- bed 2段ベッド
- guardrail 手すり

## Furniture / Bedding

|  |  |  |
|---|---|---|
| ベッド | bed | béd ベッド |
| ダブルベッド | double bed | dʌbl bed ダボー ベッド |
| 枕 | pillow | pílou ピロウ |
| シーツ | sheet | ʃíːt シートゥ |
| 毛布 | blanket | blǽŋkɪt ブランキッ |
| マット | mat | mǽt マッ |
| 掛け布団 | comforter | kʌ́mfətə カンファタァ |
| 羽根布団 | down quilt | daun kwɪlt ダウン クィルト |
| パジャマ | pajamas | pədʒáːməz パジャマズ |
| 電気毛布 | electric blanket | ɪlektrɪk blǽŋkɪt イレクトリック ブランキッ |

日常生活

### 関連単語＆文例

| | | | |
|---|---|---|---|
| 鏡台 | dresser ドレッサァ | 天蓋付きベッド | canopy bed キャナピィ ベッド |
| 姿見 | large mirror ラージ ミラァ | 安楽いす | armchair アームチェア |
| 折りたたみ式ベッド | | 回転いす | swivel chair スウィヴル チェア |
| | rollaway bed ローラウェイ ベッド | 枕カバー | pillow case ピロウ ケイス |
| ウォーターベッド | waterbed ウォータァベッド | ベッドカバー | bedspread ベッドスプレッド |
| | | 窓（観音開き） | casement window ケイスメン ウィンドウ |

This table is a good size for this room.
このテーブルはこの部屋にちょうどよい大きさです。

Shall I turn on the heater？
ストーブの火をつけましょうか？

# 住む インテリア

|  |  |  |
|---|---|---|
| じゅうたん | carpet | kάːpɪt　カーペッ |
| テーブルカバー | tablecloth | téɪblklɔ̀ːθ　ティボークロウス |
| クッション | throw pillow | θroʊ pɪloʊ　スロウ　ピロウ |
| カーテン | curtain | kə́ːtn　カートゥン |
| ブラインド | blind | bláɪnd　ブラインドゥ |
| 壁紙 | wallpaper | wɔ́ːlpèɪpə　ウォールペイパァ |
| タペストリー | tapestry | tǽpɪstri　タピストゥリィ |
| ドライフラワー | dried flower | draɪd flaʊə　ドライド　フラワァ |
| 花びん | vase | véɪs　ヴェイス |
| 観葉植物 | decorative plant | dek(ə)rətɪv plænt　デカラティヴ　プラント |

## Column　部屋の中での英語

カーテンやブラインドを開けるという場合は、
**Open the curtains, please.**
（カーテンを開けてください）
と言います。

逆に、閉めて欲しいときは、
**Would you draw the blinds ?**
（ブラインドを閉めてくれませんか？）
と言えばよいのです。

ぬいぐるみを、ソファの上などに置いておくのも楽しいものです。熊のぬいぐるみは **teddy bear** と言います。ペンギンなどが置いてあったら、
**This stuffed toy penguin is cute.**
（このぬいぐるみのペンギンはかわいいですね）
と言ってあげるとよいでしょう。

# Interior

|  |  |  |
|---|---|---|
| オルゴール | music box | mjúːzɪk bάks<br>ミューズィック ボックス |
| ガラス細工 | glasswork | glǽswəːk<br>グラスワーク |
| ランプ | lamp | lǽmp<br>ランプ |
| シャンデリア | chandelier | ʃændəlíə<br>シャンダリア |
| 置物 | ornament | ɔ́ːnəmənt<br>オーナメント |
| 置き時計 | clock | klάk<br>クラック |
| 掛け時計 | wall clock | wɔ́ːl klάk<br>ウォール クラック |
| 灰皿 | ashtray | ǽʃtrèɪ<br>アシュトゥレイ |
| 水槽 | fish tank | fíʃ tǽŋk<br>フィッシュ タンク |
| 飾る | decorate | dékərèɪt<br>ディカレイトゥ |

## 関連単語&文例

|  |  |
|---|---|
| じゅうたん(床の一部用) | rug ラグ |
| カーテン(厚地) | draperies ドレイパリィズ |
| カーテン(薄地) | sheers シアーズ |
| フロアランプ | floor lamp フロア ランプ |
| 電気スタンドのかさ | lamp shade ランプ シェイド |
| かさ立て | umbrella stand アンブレラ スタンド |
| すだれ | bamboo blind バンブー ブラインド |
| 熱帯魚 | tropical fish トロピカル フィッシュ |
| ぬいぐるみ | stuffed animal スタッフト アニマル |
| 壁掛け | tapestry タピストゥリィ |

**I like the design on this curtain.**
私はこのカーテンの模様が気に入っています。

**Where did you find this lamp?**
このランプはどこで見つけたのですか?

# 住む 家電製品

|  |  |  |
|---|---|---|
| 電子レンジ | microwave oven | maɪkrəweɪv ʌv(ə)n マイクロウェイヴ アヴン |
| トースター | toaster | tóustə トースタァ |
| ミキサー | blender | bléndə ブレンダァ |
| 湯わかし器 | water heater | wɔːtə hiːtə ワータァ ヒータァ |
| 冷蔵庫 | refrigerator | rɪfrídʒərèɪtə リフリジェレイタァ |
| 冷凍庫 | freezer | fríːzə フリーザァ |
| 洗濯機 | washing machine | wɑʃɪŋ məʃiːn ワッシン マシーン |
| 皿洗い機 | dishwasher | díʃwàʃə ディッシュワッシャァ |
| 掃除機 | vacuum cleaner | vækjuəm klíːnə ヴァキューム クリーナァ |
| エアコン | air-conditioner | eə kəndɪʃ(ə)nə エア カンディシャナァ |

## Column 家電が故障したら

機械の調子がおかしくなった場合、たとえばトースターでパンが焼けなくなったら、
**What's wrong with the toaster?**
（トースターはいったいどうしたのかしら？）
などと言います。
**Something's wrong with the TV.**
（テレビの調子がおかしい）
などと言うこともできます。
　故障していることがわかったならば、

**The washing machine is out of order.**
（洗濯機は故障しています）
という表現を使います。

## Electrical appliance

|  |  |  |
|---|---|---|
| 扇風機 | electric fan | ɪléktrɪk fæn / イレクトゥリック ファン |
| 石油ファンヒーター | kerosene fan heater | kérəsìːn fæn híːtə / ケラスィーン ファン ヒータァ |
| ガスファンヒーター | gas fan heater | gǽs fæn híːtə / ギャス ファン ヒータァ |
| テレビ | television | téləvìʒən / テレヴィジャン |
| ラジオ | radio | réɪdiòu / レイディオウ |
| ラジカセ | radio-cassette recorder | rèɪdiou kəsét rɪkɔ́ːdə / レイディオウ カセット リカーダァ |
| テープレコーダー | tape recorder | téɪp rɪkɔ́ːdə / テイプ リカーダァ |
| CDプレーヤー | CD player | síːdìː pléɪə / スィーディー プレイヤァ |
| ビデオ | video | vídiou / ヴィディオウ |
| ビデオカメラ | video camera | vídiou kǽm(ə)rə / ヴィディオウ キャメラ |

### 関連単語&文例

|  |  |
|---|---|
| 換気扇 | ventilating fan / ヴェンティレイティン ファン |
| 蛍光灯 | fluorescent lamp / フローレスントゥ ランプ |
| 電球 | light bulb / ライト バルブ |
| 掃除機 | (英) hoover / フーヴァ |
| 乾燥機 | drier / ドライア |
| アイロン | iron / アイアン |
| アイロン台 | ironing board / アイアニン ボード |
| 空気清浄器 | air purifier / エア ピューラファイア |
| 加湿器 | humidifier / ヒューミダファイア |
| CDコンポ | CD component / スィーディー カンポウネン |
| こたつ | electric kotatsu heater / イレクトリック コタツ ヒータァ |

**Can you fix this TV ?**
このテレビを修理できますか？

**It's highly efficient.**
これは性能がいいですね。

日常生活

## 桑原MEMO

### テーブルマナー・これくらいで大丈夫

　あまりマナーばかり気にしていては、せっかくの食事もおいしく食べられません。欧米人でも全員が完璧にマナーを守って上手に食べているわけではないので、それほど心配しなくても大丈夫です。次のようなことだけをちょっと頭の隅に入れておきましょう。

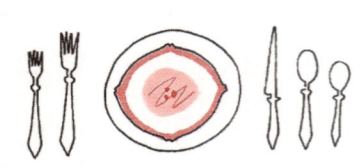

A ズラッと並んだナイフやフォークは、外側から使っていく。順番を間違えてももう一度持ってきてくれる

B ナイフやフォークを落としても、自分で拾わない。ウェイターが代わりを持ってきてくれる

C スープはなるべく音を立てないで飲む。流し込むようにすると音が出ない

D ワインを注がれるときにグラスは持たない

E 食事中にワインを飲むときは、ナプキンで口をふいてから

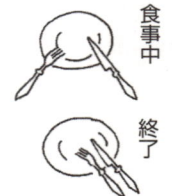

F ナイフとフォークによるウェイターへのサインを覚えておく

食事中　終了

席をはずすときは、ナプキンはいすの上に置く

**Basics**

# 第4章

# 行動・趣味
## *Behavior / Hobbies*

## 行動 車に乗る①

| 乗用車 | passenger car | pæs(ə)ndʒə kaə<br>パッセンジャァ カァ |
|---|---|---|
| オートバイ | motorcycle | móutəsàikl<br>モーターサイコゥ |
| トラック | truck | trʌ́k<br>トゥラック |
| 運転免許証 | driver's license | dráivəz láisns<br>ドゥライヴァーズ ライスンス |
| 道路 | road | róud<br>ロード |
| 高速道路 | highway | háiwèi<br>ハイウエイ |
| 料金所 | tollgate | tóulgèit<br>トールゲイト |
| インターチェンジ | interchange | íntətʃèindʒ<br>インターチェインジ |
| ガソリン | gasoline | gǽsəlìːn<br>ギャソリン |
| ガソリンスタンド | gas station | gæs stéiʃən<br>ギャス ステイシャン |

### Column　ガソリンスタンドで

　フルサービス（**full service**）のスタンドでガソリンを入れるなら、**Fill'er up, please.**（満タンにしてください）と係員に頼みます。セルフサービス（**self service**）はクレジットカードも使用できますが、現金払いなら、**Twenty dollars on pump No.3, please.**（3番のポンプで20ドル分お願いします）と言って20ドルを預けたあと、自分でガソリンを入れます。過不足があれば最後に精算するのです。

　車のトラブルを説明するには、**My engine stalled.**（エンストしました）**The battery's dead.**（バッテリーがあがってしまいました）**I got a flat.**（パンクしました）**Would you check the brakes？**（ブレーキを調べてくれませんか？）などを覚えておくと役に立ちます。

# Driving / Car

| 駐車場 | parking lot | páəkɪŋ lɑt<br>パーキン ラット |
|---|---|---|
| 信号機 | traffic lights | trǽfɪk laɪts<br>トゥラフィック ライツ |
| 青信号 | green light | gríːn laɪt<br>グリーン ライトゥ |
| 赤信号 | red light | red laɪt<br>レッド ライトゥ |
| 直進する | go straight | gou streɪt<br>ゴー ストレイ |
| 右折する | turn right | təːn raɪt<br>ターン ライ |
| 左折する | turn left | təːn left<br>ターン レフトゥ |
| バックする | back up | bæk ʌp<br>バッカップ |
| 駐車する | park | páək<br>パーク |
| ドライブする | drive | dráɪv<br>ドゥライヴ |

行動・趣味

## 関連単語&文例

| | | | |
|---|---|---|---|
| 小型車 | compact car<br>カンパクト カア | ハイオクガソリン | premium<br>プリーミアム |
| 小型トラック | pickup truck<br>ピッカップトラック | 無鉛ガソリン | unleaded<br>アンレアディッド |
| ガソリン | (英) petrol<br>ペトロール | 故障 | breakdown<br>ブレイクダウン |
| 点滅信号 | flashing light<br>フラッシン ライトゥ | | |
| 車検 | inspection<br>インスペクシャン | | |
| 車の整備 | car maintenance<br>カア メインテナンス | | |
| レギュラーガソリン | regular<br>レギュラア | | |

**I'll give you a ride to the station.**
駅まで乗せて行ってあげます。

## 行動 車に乗る②

|  |  |  |
|---|---|---|
| ナンバープレート | license plate | laɪsns pleɪt / ライスンス プレイト |
| アクセル | accelerator | əksélərèitə / アクセラレイタァ |
| ハンドル | steering wheel | stɪərɪŋ (h)wiːl / スティアリン ウィール |
| ボンネット | hood | húd / フッド |
| バックミラー | rearview mirror | rɪəvjuː mɪrə / リアヴュー ミラァ |
| フロンドガラス | windshield | wíndʃiːld / ウインドシールド |
| クラクション | horn | hɔ́ːn / ホーン |
| 燃費 | fuel expenses | fjuːəl ɪkspensɪz / フューアル イクスペンスィズ |
| 走行距離 | traveling distance | træv(ə)lɪŋ dɪstəns / トラヴェリン ディスタンス |
| リットル | liter | líːtə / リータァ |

### ミニ知識　これだけは知っておきたい道路標識

- Do not enter　進入禁止
- No left turn　左折禁止
- Two way traffic ahead　前方対面交通
- One way　一方通行
- Do not pass　追い越し禁止
- Merge　前方合流あり
- Ped xing　横断歩道あり
- Stop　一時停止
- Yield　ゆずれ
- Railroad crossing　踏切りあり

## Driving／Car

| 走行マイル数 | mileage | mɪ́ɪlɪdʒ マイリッジ |
|---|---|---|
| 交通渋滞 | traffic jam | træfɪk dʒæm トゥラフィック ジャム |
| 事故 | accident | æksədnt アクスィデント |
| 違反 | violation | vàɪəléɪʃən ヴァイアレイシャン |
| 追突 | rear-end collision | rɪə end kəlɪʒən リア エン カリジャン |
| スピード違反 | speeding | spíːdɪŋ スピーディン |
| 駐車違反 | illegal parking | ɪ(l)líːg(ə)l paəkɪŋ イリーガル パーキン |
| 自動車教習所 | driving school | draɪvɪŋ skuːl ドゥライヴィン スクール |
| 自動車保険 | automobile insurance | ɔːtəmoʊbɪːl ɪnʃu(ə)rəns オートモービル インシュランス |
| 時速（km/h） | kilometers per hour | kɪləmətəz pə auə キラマタズ パァ アワァ |

行動・趣味

### 関連単語＆文例

時速 　㊕miles per hour [m.p.h.]
　　　　マイルズ パァ アワァ
交通安全　traffic safety
　　　　トラフィック セイフティ
正面衝突　head-on collision
　　　　ヘッダン カリジャン
ひき逃げ　hit-and-run
　　　　ヒッタン ラン
減点　　　demerit point
　　　　ディメリッ ポイント

酔っぱらい運転　drunken driving
　　　　　　ドランクン ドゥライヴィン
酒気測定器　breathalyzer
　　　　　ブレサライザァ
見晴らしのよい道路　scenic drive
　　　　　　　スィーニック ドゥライヴ

**Let's drive in the car-pool lane.**
　カープール車線を走りましょう。

※2人以上乗っている車は、ハイウェイの特別車線を走ることができる。相乗りすることをカープールという

# 行動

## バス・タクシーに乗る

|  |  |  |
|---|---|---|
| 路線バス | city bus | sɪti bʌs / スィティ バス |
| 観光バス | sightseeing bus | saɪtsiːɪŋ bʌs / サイトゥスィーイン バス |
| 長距離バス | long-distance bus | lɔːŋ dɪstəns bʌs / ロン ディスタンス バス |
| マイクロバス | minibus | mínibʌs / ミニバス |
| バス停 | bus stop | bʌs stap / バス スタップ |
| タクシー乗り場 | taxi stand | tæksi stænd / タクスィ スタンド |
| バス乗車券 | bus ticket | bʌs tɪkɪt / バス ティキッ |
| 運賃 | fare | féə / フェア |
| 均一料金 | uniform fare | juːnəfɔːrm feə / ユニフォーム フェア |
| 乗換切符 | transfer ticket | trænsfəː tɪkɪt / トランスファー ティキッ |

### Column 日本との乗り方の違い

●バスの乗り方

自分の乗るバスを探すには、**Where is the bus to the zoo?**（動物園行きのバスはどこですか？）と尋ね、バスが来たら、**Does this bus go to the zoo?**（このバスは動物園に行きますか？）と確認すれば間違いありません。

また、乗車するときアメリカでは**Exact change, please.**（ぴったり小銭でお願いします）と言われることが多いようです。お札は受け取らないか、おつり分が切符で返ってくることがあるので注意が必要です。

●タクシーの乗り方

日本と違い、流しているタクシー（**cruising taxi**）は少ないので、タクシー乗り場で待ちます。日本のようにドアが自動ではないので、自分で開けて乗ります。

荷物は運転手がトランクに入れてくれるので、チップ（トランク1個1ドル程度）を忘れないように。

# Bus / Taxi

| 路線 | route | rúːt<br>ルート |
|---|---|---|
| ガイド | guide | gáɪd<br>ガイド |
| 乗客 | passenger | pǽs(ə)ndʒə<br>パッセンジャァ |
| 半日ツアー | half-day tour | hæf deɪ tʊə<br>ハーフ デイ トゥア |
| タクシーメーター | taximeter | tǽksimìːtə<br>タクスィミータァ |
| 運転手 | driver | dráɪvə<br>ドゥライヴァ |
| 運転席 | driver's seat | draɪvəz sɪːt<br>ドゥライヴァーズ スィートゥ |
| 座席 | seat | síːt<br>スィートゥ |
| 乗る | get on | get an<br>ゲッタン |
| 降りる | get off | get ɔːf<br>ゲッタフ |

行動・趣味

## 関連単語＆文例

| | | | |
|---|---|---|---|
| 自由時間 | free time<br>フリィ タイム | 前払い | prepayment<br>プリペイメント |
| 集合場所 | meeting point<br>ミーティン ポイント | 後払い | later payment<br>レイタァ ペイメント |
| 日本語を話すガイド | Japanese speaking guide<br>ジャパニーズ スピーキン ガイド | 自動ドア | automatic door<br>オートマティック ドア |
| | | 定員 | passenger capacity<br>パッセンジャア キャパスィティ |
| 優先席 | priority seat<br>プライオーラティ スィートゥ | 荷物 | baggage<br>バギッジ |
| | | 時刻表 | time table<br>タイムテイボー |

**When is the next bus ?**
次のバスは何時ですか？

**Keep the change.**
おつりは結構です。

## 行動 — 電車に乗る

|  |  |  |
|---|---|---|
| 列車 | train | tréɪn / トレイン |
| 地下鉄 | subway | sʌ́bwèɪ / サブウェイ |
| 普通列車 | local train | lóʊk(ə)l treɪn / ロウコー トレイン |
| 急行 | express | ɪksprés / イクスプレス |
| 夜行列車 | night train | naɪt treɪn / ナイ トレイン |
| 寝台車 | sleeping car | slíːpɪŋ kaə / スリーピン カァ |
| 食堂車 | dining car | dáɪnɪŋ kaə / ダイニン カァ |
| グリーン車 | first-class car | fəːs(t)klǽs kaə / ファーストゥクラス カァ |
| 駅 | station | stéɪʃən / ステイシャン |
| 待合室 | waiting room | wéɪtɪŋ ruːm / ウエイティン ルーム |

### Column　正しい列車に乗るために

　切符を購入するには、**Where's the ticket window？**（切符売り場はどこですか）と尋ね、窓口に行ったら**Two tickets to New York on express at 10 a.m., please.**（午前10時のニューヨーク行き急行を２枚ください）と、行き先と枚数などをハッキリと伝えて買うことが大切です。

　日本と違って、欧米の駅は静かで構内放送はありません。列車は時間がくるとスーッと出てしまうので、油断して乗りそこなわないように注意してください。

# Train

|  |  |  |
|---|---|---|
| プラットホーム | platform | plǽtfɔəm プラットフォーム |
| 切符売り場 | ticket window | tíkit wíndou ティキッ ウィンドウ |
| 切符自動販売機 | ticket vending machine | tíkit véndiŋ məʃíːn ティキッ ヴェンディン マシーン |
| 片道切符 | single ticket | síŋgl tíkit スィンゴー ティキッ |
| 往復切符 | return ticket | ritəːn tíkit リターン ティキッ |
| 乗り換える | transfer | trænsfəː トランスファー |
| 途中下車 | stopover | stápòuvə スタップオーヴァ |
| 改札口 | ticket gate | tíkit geit ティキッ ゲイト |
| 案内所 | information office | ìnfəméiʃən áːfis インフォメイシャン アフィス |
| 遺失物取扱所 | lost and found office | lɔːst ən(d) faund áːfis ロースト アン ファウンド アフィス |

行動・趣味

## 関連単語&文例

|  |  |
|---|---|
| 駅長 | station master ステイシャン マスタァ |
| 駅員 | station staff ステイシャン スタッフ |
| 車掌 | conductor カンダクタ |
| 始発 | first train ファースト トレイン |
| 終電 | last train ラースト トレイン |
| 始発駅 | starting station スターティン ステイシャン |
| 終着駅 | terminal station ターミナル ステイシャン |
| 乗換駅 | junction ジャンクシャン |
| 目的地 | destination デスティネイシャン |
| 新幹線 | super express スーパー イクスプレス |
| 売店 | news stand ニューズ スタンド |
| 手荷物一時預かり所 | baggage room バギッジ ルーム |
| 通勤電車 | commuter train カンミュータ トレイン |

**You got the wrong train.**
この電車は違いますよ。

**Should I transfer?**
乗り換えなければなりませんか？

109

## 行動　飛行機に乗る

| 飛行機 | airplane | éəplèɪn エアプレイン |
|---|---|---|
| 飛行場 | airport | éəpɔ̀ət エアポート |
| 搭乗口 | boarding gate | bɔ́ədɪŋ geɪt ボーディン ゲイトゥ |
| 航空券 | air ticket | eə tɪkɪt エア ティキッ |
| 搭乗券 | boarding pass | bɔ́ədɪŋ pæs ボーディン パス |
| フライトナンバー | flight number | flaɪt nʌmbə フライト ナンバァ |
| エコノミークラス | economy class | ɪkɑnəmi klæs イカナミィ クラス |
| ビジネスクラス | business class | bɪznəs klæs ビズニス クラス |
| ファーストクラス | first class | fə:st klæs ファースト クラス |
| パイロット | pilot | páɪlət パイラッ |

### Column　気に入った座席に座る

長時間のフライトの場合、いちいち隣の人に断って通路に出るのは面倒なものです。そんなときは、チェックインのときに、
**Would you give me an aisle seat?**
（通路側の席をお願いします）
と頼むとよいでしょう。

また、友だちと並んだ席が欲しければ、
**Two seats together, please.**
（2つ並んだ席をお願いします）
と言ってください。

すいている場合には、空席の座席に移動することができます。水平飛行に移ってから、フライトアテンダントに、
**Can I move to that seat?**
（あの座席に移ってもいいですか？）
と尋ねてみましょう。

| 本の題 | |
|---|---|

1 本書をお読みになったご感想、ご批判をお聞かせください。

2 これまでに読まれた語学、会話の本で優れているとお思いのものを、その理由を添えてご紹介ください。

3 あなたが、現在学習されている外国語、これから挑戦してみたいと思っている外国語を教えてください。
英語　フランス語　ドイツ語　スペイン語　イタリア語
ポルトガル語　ロシア語　アラビア語　ペルシア語　朝鮮語
北京語　広東語　フィリピン語　タイ語　インドネシア語
その他〔　　　　　　　　　　　　　　　　　　　　　　〕

4 会話・語学でこんな本があったらとお考えになっていることがあれば、ご自由にお書きください。

●アンケートへのご協力ありがとうございました。

郵 便 は が き

# 101-8791

料金受取人払

神田局承認
**1010**

010

東京都千代田区神田神保町1-52
加州ビル3F

差出有効期間
平成13年4月
6日まで

**ナツメ出版企画株式会社**行

|||||ı|ı|ı||ı||ıı||||ıı|ı|ıı|ı|ıı|ı|ııı|ı|ı|ııı|ı|ı|ı|ı|ı|ı|ı|ı|ı|ı|

1018791010　　　　　　　3

---

住所：〒□□□-□□□□

................................................................

電話　　　-　　　-

(フリガナ)

氏　名:　　　　　　　　　　　　　　　　　　　性別：男 / 女

年齢：　　歳

職業　会社員（事務系　技術系）　　学　生（小中高大専その他）
　　　公務員（事務系　技術系）　　自　営（商工農漁医その他）
　　　教　職（小中高大その他）　　自由業（　　　　　　　　）
　　　無　職（主婦　家事　その他）　その他（　　　　　　　　）

| ご講読新聞・雑誌名 | お買上書店名 |
|---|---|
|  | 市区　　　　　　　　　　書店<br>町村 |

## Airplane

| 客室乗務員 | flight attendant | flaɪt ətendənt<br>フライト アテンダン |
|---|---|---|
| 禁煙席 | nonsmoking seat | nansmoukɪŋ siːt<br>ノンスモーキン スィートゥ |
| 座席番号 | seat number | siːt nʌmbə<br>スィートゥ ナンバァ |
| 機内食 | in-flight meal | in flaɪt miːl<br>イン フライト ミール |
| 手荷物 | baggage | bǽgɪdʒ<br>バッギッジ |
| 出発時間 | departure time | dɪpaətʃə taɪm<br>ディパーチャア タイム |
| 到着時間 | arrival time | əraɪv(ə)l taɪm<br>アライヴァル タイム |
| 離陸 | take-off | téɪkɔ̀ːf<br>テイクアフ |
| 着陸 | landing | lǽndɪŋ<br>ランディン |
| 搭乗する | get on board | get an bɔːd<br>ゲッタン ボード |

行動・趣味

### 関連単語&文例

| 国際便 | international flight<br>インターナショナル フライト |
| 国内便 | domestic flight<br>ドメスティック フライト |
| (トイレ)空き | vacant<br>ヴェイカン |
| (トイレ)使用中 | occupied<br>オキュパイド |
| 手荷物の半券 | baggage claim tag<br>バギッジ クレイム タグ |

| 滑走路 | runway<br>ランウェイ |
| 乱気流 | turbulence<br>タービュランス |
| 時差ボケ | jet lag<br>ジェットラグ |
| 航空券の再確認 | reconfirmation<br>リーカンファーメイシャン |

Can I check in now?
今チェックインできますか？

Another coffee, please.
もう1杯コーヒーをください。

## 行動 — 街を散歩

| 並木道 | tree-lined road | triːlaɪnd roʊd<br>トゥリーラインド ロード |
|---|---|---|
| 河川 | river | rívə<br>リヴァ |
| 橋 | bridge | brídʒ<br>ブリッジ |
| 大通り | boulevard (blvd.) | búləvàːd<br>ブールヴァード |
| 街灯 | streetlight | stríːtlàɪt<br>ストリートライトゥ |
| 横断歩道 | crosswalk | krɔ́ːswɔ̀ːk<br>クロスウォーク |
| 歩道橋 | pedestrian bridge | pɪdestriən brɪdʒ<br>ペディストリアン ブリッジ |
| 踏切 | railroad crossing | reɪlroʊd krɔːsɪŋ<br>レイルロード クロッスィン |
| 交差点 | crossing | krɔ́ːsɪŋ<br>クロッスィン |
| 裏通り | alley | ǽli<br>アリィ |

### Column 道を尋ねる

場所について聞きたいときは、
**How can I get to the museum？**
（博物館にはどうやって行くのですか？）
**Is there a bank near here？**
（この近くに銀行はありますか？）
などが基本の文になります。
　場所がわかったら、
**How many minutes by walking？**
（歩いて何分ですか？）
ということも、確認しておいたほうが安心です。
　また、道を聞かれて説明するには、

**Go straight.**
（まっすぐ行きなさい）
**Turn right at the second corner.**
（2つめの角を右に曲がりなさい）
**It's on your left.**
（それは左側にあります）
などの表現が便利です。

# Walk in town

| 広場 | plaza | plǽzə<br>プラザ |
|---|---|---|
| 公園 | park | páək<br>パーク |
| 高台 | hill | híl<br>ヒル |
| 展望台 | observation tower | ɑbsəveɪʃən tauə<br>オブザヴェイシャン　タワァ |
| 商店街 | shopping street | ʃapɪŋ stri:t<br>シャッピン　ストゥリート |
| オフィス街 | business district | bɪznəs dɪstrɪkt<br>ビズニス　ディストリクト |
| 繁華街 | downtown | dáuntáun<br>ダウンタウン |
| 住宅地 | residential area | rezədenʃəl e(ə)riə<br>レズィデンシャル　エリア |
| 歩く | walk | wɔ́ːk<br>ウォーク |
| 散歩する | take a walk | teɪk ə wɔːk<br>テイカ　ウォーク |

行動・趣味

## 関連単語&文例

| 交差点 | intersection<br>インターセクシャン | 城 | castle<br>キャッソー |
| 歩道 | sidewalk<br>サイドウォーク | 寺 | temple<br>テンポー |
| 近道 | shortcut<br>ショートカット | 神社 | shrine<br>シュライン |
| まわり道 | detour<br>ディートゥア | 大聖堂 | cathedral<br>キャスィドラル |
| 美術館 | art museum<br>アート　ミューズィアム | 教会 | church<br>チャーチ |

Where should I turn ?
　どこで曲がればいいのですか？
Where are we now ?
　ここはどこですか？

| 泉 | fountain<br>ファウンテン |
| 水族館 | aquarium<br>アクエイリアム |
| 図書館 | library<br>ライブラリィ |
| 上り坂 | uphill<br>アップヒル |

113

# 行動　ショッピング

|  |  |  |
|---|---|---|
| デパート | department store | dɪpáətmənt stɔə / ディパートゥメン　ストア |
| スーパーマーケット | supermarket | súːpəmàəkɪt / スーパーマーキッ |
| 専門店 | specialty store | spéʃəlti stɔə / スペッシャルティ　ストア |
| 食料品店 | food store | fúːd stɔə / フード　ストア |
| 衣料品店 | clothing store | klóuðɪŋ stɔə / クローズィン　ストア |
| 雑貨屋 | general store | dʒén(ə)rəl stɔə / ジェネラル　ストア |
| 売り場 | department | dɪpáətmənt / ディパートゥメン |
| 試着室 | fitting room | fítɪŋ rúːm / フィッティン　ルーム |
| 店員 | salesperson | séɪlzpə̀ːsn / セイルズパースン |
| 客 | customer | kʌ́stəmə / カスタマァ |

## Column　スマートな支払い方法

品物をレジに持っていくと、
**Cash or charge ?**
（お支払いは現金ですか、それともカードですか？）
と必ず聞かれます。もしもカードを使いたい場合は、
**Do you accept this card ?**
（このカードでいいですか？）
とカードを見せて確認しましょう。
　カードを使うときは、コピー（**customer's copy**）をもらうのを忘れないようにしてください。

トラベラーズチェックの場合は、
**May I see your ID ?**
（身分証明書を見せていただけますか？）
と言われることがあります。旅行者の場合は、パスポートを見せればよいでしょう。
　また、海外では、つり銭の間違いがとても多いので、自分で必ず確かめることが大切です。

## Shopping

| | | |
|---|---|---|
| バーゲン | bargain sale | bάːg(ə)n seɪl<br>バーガン セイル |
| 値段 | price | prάɪs<br>プライス |
| レジ | cashier | kæʃíə<br>キャッシア |
| クレジットカード | credit card | krédɪt kάːd<br>クレディッ カード |
| 領収証 | receipt | rɪsíːt<br>リスィート |
| おつり | change | tʃéɪndʒ<br>チェインジ |
| 売る | sell | sél<br>セル |
| 買う | buy | bάɪ<br>バイ |
| いくら？ | How much ? | hάʊ mʌ́tʃ<br>ハウ マッチ |
| 支払う | pay | péɪ<br>ペイ |

行動・趣味

### 関連単語＆文例

もっと小さい smaller
スモーラァ
もっと大きい larger
ラージャァ
いりません No, thank you.
ノー サンキュー

**May I help you ?**
　いらっしゃいませ。
**Just looking.**
　見ているだけです。
**May I try this on ?**
　これを着て（はいて）みていいですか？

アンティークショップ　antique shop
アンティーク　シャップ
みやげ店　souvenir shop
スーヴァニア　シャップ
市場　market
マーキッ
ノミの市　flea market
フリィ　マーキッ
商人　merchant
マーチャント

# 行動

## ホテル

| | | |
|---|---|---|
| フロント | front desk | frʌnt desk<br>フラン デスク |
| ロビー | lobby | lάbi<br>ラビィ |
| チェックイン | check in | tʃek in<br>チェッキン |
| チェックアウト | check out | tʃek aut<br>チェックアウ |
| 予約 | reservation | rèzəvéiʃən<br>レザヴェイシャン |
| 宿泊料金 | hotel charges | houtel tʃάədʒɪz<br>ホテル チャージィズ |
| 空室 | vacancy | véik(ə)nsi<br>ヴェイカンスィ |
| 満室 | no vacancy | nou veik(ə)nsi<br>ノー ヴェイカンスィ |
| 客室 | room | rúːm<br>ルーム |
| シングル | single | síŋgl<br>スィンゴー |

**Column** ホテルでのチップの渡し方

ホテルにはいろいろな人が働いているので、チップの渡し方も相手によってさまざまです。

コンシェルジュ（**concierge**）には、レストランや劇場の予約などを頼んだら、その程度に応じて100～300円。

ポーターには、荷物を運び終えたときに、トランク１個につき100円程度を。

ルームメイドには、毎朝枕元に100円程度を。ルームサービスには、勘定の10～15％を手渡しするか、伝票に何％と書いてあげます。

ドアマンがいて、タクシーを呼んでくれたら、100～200円を乗るときに渡します。

# Hotel

|  |  |  |
|---|---|---|
| ツイン | twin | twín トゥイン |
| ダブル | double | dʌ́bl ダボー |
| スイート | suite | swíːt スウィート |
| ルームキー | room key | rúːm kíː ルーム キー |
| ルームナンバー | room number | rúːm nʌ́mbə ルーム ナンバァ |
| ルームサービス | room service | rúːm sə́ːvɪs ルーム サーヴィス |
| ランドリーサービス | laundry service | lɔ́ːndri sə́ːvɪs ローンドゥリィ サーヴィス |
| モーニングコール | morning call | mɔ́ːnɪŋ kɔ́ːl モーニン コール |
| チップ | tip | típ ティップ |
| 泊まる | stay | stéɪ ステイ |

行動・趣味

## 関連単語&文例

| 貴重品預かり | safety box セイフティ ボックス |
| 貴重品 | valuables ヴァリュアボーズ |
| サイン | signature スィグネチャァ |
| 宿泊カードの記入 | registration レジストレイシャン |
| 予算 | budget バジッ |
| 荷物 | baggage バギッジ |
| 洗濯物袋 | laundry bag ローンドゥリィ バァグ |
| 水もれ | leaking リーキン |
| 部屋の温度 | room temperature ルーム テンパラチャー |
| 会計 | cashier キャッシア |
| 館内電話 | house phone ハウス フォウン |

**I have a reservation.**
予約はしてあります。

**A porter, please.**
ポーターをお願いします。

117

## 行動 銀行・郵便局

|  |  |  |
|---|---|---|
| 口座 | account | əkáunt アカウント |
| 預金 | deposit | dipázit ディパズィッ |
| 積立貯金 | installment savings | instɔ́ːlmənt séiviŋs インストールメン セイヴィングス |
| 通帳 | bankbook | bǽŋkbùk バンクブック |
| キャッシュカード | cash card | kǽʃ kaəd キャッシュ カード |
| サイン | signature | sígnətʃùə スィグナチャァ |
| 利息 | interest | íntrəst インタレスト |
| 両替 | exchange | ikstʃéindʒ イクスチェインジ |
| 預ける | deposit | dipázit ディパズィッ |
| 引き出す | withdraw | wiðdrɔ́ː ウイズドゥロー |

### Column 銀行利用法

口座を開きたい場合は、窓口に行って、
**I'd like to open a savings account.**
（普通預金の口座を開きたいのですが）
などと言います。

旅行者として両替をするならば、
**I'd like to cash this traveler's check.** （このトラベラーズチェックを現金にしたいのですが）
あるいは紙幣を出して、
**Into dollars, please.**
（ドルにしてください）

**What's the rate of exchange today ?**
（今日の交換率はいくらですか？）
と言います。

## Bank / Post office

|  |  |  |
|---|---|---|
| 送金する | remit money | rɪmít mʌ́ni リミッ マニィ |
| 手紙 | letter | létə レタァ |
| 小包 | parcel | pǽəsl パーセル |
| 切手 | stamp | stǽmp スタンプ |
| 郵便料金 | postage | póustɪdʒ ポウスティッジ |
| 速達 | express delivery | ɪksprés dɪlív(ə)ri イクスプレス ディリヴァリィ |
| エアメール | airmail | éəmèɪl エアメイル |
| ポスト | mailbox | méɪlbæ̀ks メイルボックス |
| あて先 | address | ədrés アドレス |
| 郵送する | mail | méɪl メイル |

行動・趣味

### 関連単語 & 文例

| 小切手帳 | checkbook チェックブック |
| 金額 | amount アマウント |
| 残高 | balance バランス |
| (お金を)くずす | break ブレイク |
| 営業時間 | business hours ビズニス アワーズ |

| 絵はがき | picture postcard ピクチュア ポウストカード |
| 「折らないで」 | Do Not Bend ドゥー ナッ ベンド |
| 「壊れもの」 | Fragile フレイジャル |
| 「印刷物在中」 | Printed Matter プリンティド マタァ |
| 私書箱 | P.O.Box (post-office-box) ピー オー ボックス ポウスト アフィス ボックス |

**By airmail to Japan, please.**
日本まで航空便でお願いします。

**How many days to Japan?**
日本まで何日かかりますか？

## 趣味 旅行

|  |  |  |
|---|---|---|
| 旅行者 | tourist | tú(ə)rɪst トゥーリスト |
| 国内旅行 | domestic tour | dəmestɪk tuə ドメスティック トゥア |
| 海外旅行 | overseas tour | ouvəsiːz tuə オウヴァスィーズ トゥア |
| 観光 | sightseeing | sáitsìːɪŋ サイトゥスィーイン |
| 保養 | recreation | rekriéɪʃən レクリエイシャン |
| ひとり旅 | traveling alone | træv(ə)lɪŋ aloun トラヴェリン アロン |
| ツアー | tour | túə トゥア |
| スーツケース | suitcase | súːtkèɪs スートゥケイス |
| トランク | trunk | trʌŋk トゥランク |
| 着替え | spare clothes | speə klou(ð)z スペア クロウズズ |

### ミニ知識　海外旅行：出発から到着まで

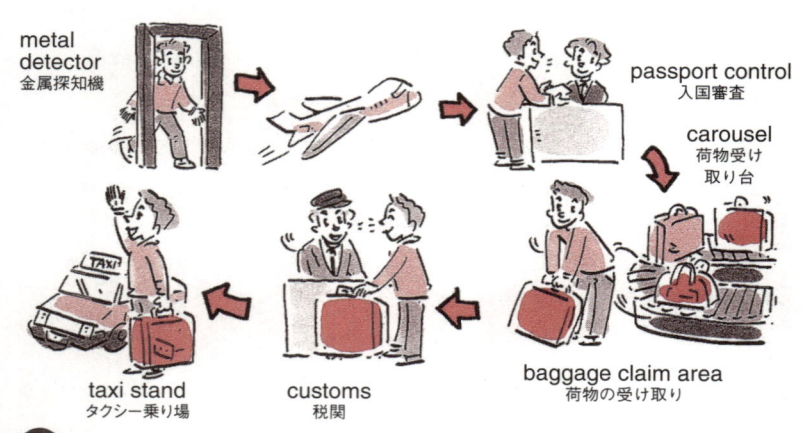

- metal detector　金属探知機
- passport control　入国審査
- carousel　荷物受け取り台
- baggage claim area　荷物の受け取り
- customs　税関
- taxi stand　タクシー乗り場

# Traveling

| 旅費 | travel expense | trǽv(ə)l ɪkspens<br>トラヴェル イクスペンス |
|---|---|---|
| 格安チケット | low-priced ticket | lou praɪst tɪkɪt<br>ロウ プライスト ティキッ |
| ガイドブック | guidebook | gáɪdbùk<br>ガイドブック |
| 地図 | map | mǽp<br>マップ |
| 日程 | schedule | skédʒuːl<br>スケジュール |
| 片道 | one way | wʌn weɪ<br>ワン ウェイ |
| 往復 | round trip | raund trɪp<br>ラウンド トゥリップ |
| 観光案内所 | tourist information | tu(ə)rɪst ɪnfəmeɪʃən<br>トゥーリスト インフォーメイシャン |
| 免税店 | duty-free shop | d(j)uːti friː ʃap<br>デュティ フリー シャップ |
| おみやげ | souvenir | súːvənìə<br>スーヴァニア |

行動・趣味

### 関連単語&文例

| パック旅行 | packaged tour<br>パッキジド トゥア | 国籍 | nationality<br>ナショナリティ |
|---|---|---|---|
| 出国 | embarkation<br>エンバーケイシャン | 名字 | family (last) name<br>ファミリィ ラースト ネイム |
| 入国 | disembarkation<br>ディスエンバーケイシャン | 名前 | first name<br>ファースト ネイム |
| 職業 | occupation<br>オキュペイシャン | 時差 | time difference<br>タイム ディファレンス |
| 独身 | single<br>スィンゴー | 旅行会社 | travel agency<br>トラヴェル エイジェンスィー |
| 既婚 | married<br>マリッド | 添乗員 | tour conductor<br>トゥア カンダクタァ |

I'll visit Kyoto for sightseeing.　京都へ観光に行きます。
Are you traveling alone?　あなたはひとり旅ですか？

# 趣味 スポーツ

| ウォーキング | walking | wɔ́ːkɪŋ ウォーキン |
|---|---|---|
| ジョギング | jogging | dʒágɪŋ ジャッギン |
| 水泳 | swimming | swímɪŋ スイミン |
| サーフィン | surfing | sə́ːfɪŋ サーフィン |
| 陸上競技 | track and field | træk ən(d) fiːld トゥラック アン フィールド |
| 野球 | baseball | béɪsbɔ̀ːl ベイスボール |
| サッカー | soccer | sákə サッカァ |
| ラグビー | rugby | rʌ́gbi ラグビィ |
| バスケットボール | basketball | bǽskɪtbɔ̀ːl バスキッボール |
| バレーボール | volleyball | válibɔ̀ːl ヴァリボール |

## Column 話題がスポーツになったら

話題がスポーツのことになり、
**Do you like sports？**
(スポーツは好きですか？)
で話が始まれば、次には
**Which sports do you like？**
(どんなスポーツが好きですか？)
ということになるでしょう。さらに、
**I like to play tennis.**
(私はテニスをするのが好きです)
と答えると、今度は、
**How often do you play tennis？**
(どのくらいテニスをしますか？)
と回数を尋ねられるかもしれません。それについては、
**I play tennis twice a week.**
(週に2回テニスをします)
などと答えればよいでしょう。

## Sports

|  |  |  |
|---|---|---|
| テニス | tennis | ténɪs テネス |
| バドミントン | badminton | bǽdmɪntn バドミントン |
| 体操 | gymnastics | dʒɪmnǽstɪks ジムナスティックス |
| ゴルフ | golf | gάlf ゴルフ |
| スキー | ski | skíː スキー |
| スノーボード | snowboard | snoubɔ́ːd スノーボード |
| 武道 | martial arts | mάːʃəl άːts マーシャル アーツ |
| 運動する | exercise | éksəsὰɪz エクササイズ |
| 練習する | practice | prǽktɪs プラクティス |
| 観戦する | watch | wάtʃ ウワッチ |

行動・趣味

### 関連単語&文例

| 卓球 | table tennis テイボー テネス | 第1回戦 | first round ファースト ラウンド |
| スキューバダイビング | scuba diving スクーバ ダイヴィン | 準決勝 | semifinal セミファイナル |
| | | 決勝 | final ファイナル |
| アーチェリー | archery アーチェリィ | 引き分け | draw ドゥロー |
| オリンピック | Olympic Games オリンピック ゲイムズ | 敗者復活戦 | consolation match カンサレイシャン マッチ |
| トーナメント | tournament トーナメン | 新体操 | rhythmic gymnastics リズミック ジムナスティックス |

Swimming is very good for your health.　水泳は健康にとてもいいんです。
Don't try so hard.　そんなに一生懸命やらないほうがいいですよ。

123

## 趣味 アウトドア

| 登山 | mountain climbing | mauntn klaımıŋ<br>マウンテン　クライミン |
| --- | --- | --- |
| ハイキング | hiking | háıkıŋ<br>ハイキン |
| ピクニック | picnic | píknık<br>ピクニック |
| サイクリング | cycling | sáıklıŋ<br>サイクリン |
| キャンプ | camp | kǽmp<br>キャンプ |
| キャンプ場 | campsite | kǽmpsàıt<br>キャンプサイト |
| 海水浴 | sea bathing | sıː beıðıŋ<br>スィー　ベイズィン |
| ロッククライミング | rock climbing | rak klaımıŋ<br>ラック　クライミン |
| 釣り | fishing | fíʃıŋ<br>フィッシン |
| テント | tent | ténk<br>テント |

### Column　アウトドアを楽しむ

「何かをしに行こう」と言いたい場合は、"go" を用いて、
**Let's go picnicking (hiking) in the forest park.**
(森林公園へピクニック［ハイキング］に行きましょう)
などと言います。この文例では、「〜へ」なのですが、前置詞は **to** ではなく、**in** を使うところに注意しましょう。

海外で釣りを楽しみたいのなら、ライセンスが必要かどうか確かめておいたほうがよいでしょう。アメリカでは、桟橋での釣りを除いて必要になります。

1日券から1年間券といろいろな種類が用意されていて、最寄りのスーパー、釣り具店、スポーツ用品店などで販売しています。店頭で、
**One-day fishing license, please.**
(1日券をください)
などと言えば手軽に入手できます。

## Outdoor activities

| | | |
|---|---|---|
| ロッジ | lodge | ládʒ ラッジ |
| キャンピングカー | camper | kǽmpə キャンパァ |
| 寝袋 | sleeping bag | slíːpiŋ bǽg スリーピン バッグ |
| 登山靴 | climbing boots | kláimiŋ búːts クライミン ブーツ |
| 弁当 | lunch box | lʌ́ntʃ baks ランチ ボックス |
| リュックサック | backpack | bǽkpæk バックパック |
| 水筒 | canteen | kæntíːn キャンティーン |
| 野外料理 | outdoor cooking | áutdɔə kúkiŋ アウトドア クッキン |
| バーベキュー | barbecue | báəbikjùː バービキュー |
| キャンプファイヤー | campfire | kǽmpfàiə キャンプファイア |

行動・趣味

### 関連単語&文例

| 水筒 | (英) water bottle ウォータァ ボトル |
| コンパス | compass カンパス |
| 固形燃料 | solid fuel ソリッド フュアル |
| 非常食 | emergency provisions イマージェンスィ プラヴィジャンズ |
| 行楽地 | holiday resort ハラディ リゾート |

| 懐中電灯 | flashlight フラッシュライト |
| | (英) torch トーチ |
| 桟橋 | pier ピア |
| 釣り道具 | fishing-tackle フィッシン タックル |

What's the weather report for tomorrow?
明日のお天気はどうですか？

We'll go even if it rains.
雨が降っても出かけます。

## 趣味

# 音楽

| 歌 | song | sɔ́ːŋ ソン |
|---|---|---|
| 曲 | music | mjúːzɪk ミューズィック |
| メロディー | melody | mélədi メラディ |
| リズム | rhythm | ríðm リズム |
| コンサート | concert | kánsə(ː)t コンサート |
| オーケストラ | orchestra | ɔ́ːkɪstrə オーケストラ |
| クラシック | classical music | klǽsɪk(ə)l mjúːzɪk クラスィクル ミューズィック |
| ポップス | pop music | pɑp mjúːzɪk パップ ミューズィック |
| ジャズ | jazz | dʒǽz ジャズ |
| ロック | rock | rɑ́k ラック |

### Column　カラオケは英語で"キャラオウキ"

　カラオケは外国でもとても人気があります。
**Shall we go to karaoke and have some fun ?**
（カラオケに行って楽しんできませんか？）
などと言って出かけて行きます。日本の文化がまた1つ外国に定着したようです。
　相手の音楽に関する好みを知りたい場合は、
**What kind of music do you like ?**
（どんな音楽が好きですか？）
**Who's your favorite singer ?**
（好きな歌手はだれですか？）
などと尋ねればよいでしょう。

## Music

| 民謡 | folk song | fouk sɔːŋ フォーク ソン |
|---|---|---|
| カラオケ | karaoke | kæərəóuki キャラオウキ |
| 歌手 | singer | síŋə スィンガァ |
| 演奏家 | performing musician | pəfɔ́ːmiŋ mjuːzíʃən パフォーミン ミューズィシャン |
| 指揮者 | conductor | kəndʌ́ktə カンダクタァ |
| 音楽家 | musician | mjuːzíʃən ミューズィシャン |
| 作曲家 | composer | kəmpóuzə カンポウザァ |
| 作詞家 | songwriter | sɔ́ːŋràitə ソンライタァ |
| 歌う | sing | síŋ スィン |
| 演奏する | perform／play | pəfɔ́ːm／pléi パフォーム プレイ |

行動・趣味

### 関連単語&文例

| 楽譜 | music ミューズィック | ハーモニー | harmony ハーマニィ |
| 音符 | note ノウト | 編曲 | arrangement アレンジメント |
| 2分音符 | half note ハーフ ノウト | ヒットチャート | hit chart ヒット チャート |
| 4分音符 | quarter note クウォーター ノウト | ランキング | ranking ランキン |
| オクターブ | octave アクティヴ | CD | compact disc コンパクトディスク |
| ライブ | live ライヴ | 童謡 | nursery song ナーサリィ ソン |

I like to sing songs. 私は歌を歌うのが好きです。
Who's your favorite musician？ 好きなミュージシャンはだれですか？

## 趣味 — 映画・演劇

| 名作 | masterpiece | mǽstəpìːs マスターピース |
|---|---|---|
| 喜劇 | comedy | kámədi カマディ |
| 悲劇 | tragedy | trǽdʒədi トラジディ |
| アニメ | animation | æ̀nəméiʃən アニメイシャン |
| スクリーン | screen | skríːn スクリーン |
| 舞台 | stage | stéidʒ ステイジ |
| 客席（座席） | seat | síːt スィートゥ |
| 指定席 | reserved seat | rizə́ːvd síːt リザーヴド スィートゥ |
| 映画館 | movie theater | múːvi θíːətə ムーヴィ スィアタァ |
| 劇場 | theater | θíːətə スィアタァ |

### Column　映画や演劇に行くときは

Shall we go to the movies ?
（映画に行きませんか？）
と言って、映画に誘うと、
Is any exciting movie currently showing ?
（何かおもしろい映画を今やっていますか？）
と逆に尋ねられるかもしれません。
　そういうときは、
How about "Star Wars" ?
（スターウォーズはどうですか？）
などと、映画の題名を出して説明すればよいと思います。

　また欧米では、夕方からのミュージカルなどの演劇を見に行く場合には、服装に気をつけたほうがよいでしょう。

　かなりの人々がきちんとした正装でやってくるので、ジーパンにＴシャツでは恥ずかしい思いをすることになってしまいます。

## Movies／Plays

|  |  |  |
|---|---|---|
| チケット売り場 | box office | baks ɑːfɪs ボックス アフィス |
| 入場券(チケット) | admission ticket | ədmíʃən tíkɪt アドミッシャン ティキッ |
| 前売券 | advance ticket | ədvǽns tíkɪt アドヴァンス ティキッ |
| 主演 | star | stáə スタァ |
| 男優 | actor | ǽktə アクタァ |
| 女優 | actress | ǽktrəs アクトレス |
| 監督 | director | dəréktə ディレクタァ |
| 拍手 | applause | əplɔ́ːz アプローズ |
| 演技をする | perform | pəfɔ́ːm パフォーム |
| 観劇 | theatergoing | θíːətəgòuɪŋ スィアターゴーイン |

行動・趣味

### 関連単語＆文例

| | | | |
|---|---|---|---|
| オペラ | opera オペラ | アカデミー賞 | Academy Award アキャダミィ アウォードゥ |
| バレエ | ballet バレィ | 吹替版 | dubbed version ダブド ヴァージョン |
| 能 | Noh play ノウ プレイ | 脚本家 | scriptwriter スクリプトライタァ |
| 映画ファン | moviegoer ムヴィーガウア | 演出家 | producer プロデューサァ |
| 脇役 | supporting actor (actress) サポーティン アクタァ アクトレス | 字幕スーパー | subtitles サブタイトルズ |

**What kind of movies do you like ?**
どんな映画が好きですか？

**The movie got good reviews.**
その映画は評判がいいです。

# 趣味 文学

| 古典文学 | classical literature | klǽsɪk(ə)l lít(ə)rətʃuə クラスィクル リタラチュア |
|---|---|---|
| 現代文学 | contemporary literature | kəntémpəreri lít(ə)rətʃuə カンテンパラリィ リタラチュア |
| 小説 | novel | nάv(ə)l ノーヴル |
| 歴史小説 | historical novel | hɪstɔ́ːrɪk(ə)l nάv(ə)l ヒストリカル ノーヴル |
| 推理小説 | mystery | místəri ミィステリィ |
| 恋愛小説 | love story | lʌ́v stɔ́ːri ラヴ ストーリィ |
| 童話 | fairy tale | fé(ə)ri téɪl フェアリィ テイル |
| 詩 | poem | póuəm ポウアム |
| 文学史 | literary history | lítəreri hístəri リタラリィ ヒストリィ |
| 外国文学 | foreign literature | fɔ́ːrən lít(ə)rətʃuə フォーリン リタラチュア |

## Column　アメリカの書店事情

　最近は日本でもいすが置いてあったり、店内にあるコーヒーショップでコーヒーを飲みながらそこの本を読んでもよいという書店があらわれてきました。

　アメリカなどの書店は日本とは比較にならないほど広く、いすやテーブルもたくさん置いてあります。

　何より驚かされるのが、同じ本でも書店によって値段が違うことです。古本（**secondhand book**とも言う）の値段がまちまちなのはあたりまえですが、新刊書もアッという間に値引きが始まり、書店によっては20%OFF(2割引)、30%OFF(3割引)というシールを貼って売りに出されます。

# Literature

| 全集 | complete works | kəmplíːt wə́ːks<br>カンプリート　ワークス |
|---|---|---|
| ベストセラー | best seller | bést sélə<br>ベスト　セラァ |
| 作家 | writer | ráitə<br>ライタァ |
| 詩人 | poet | póuət<br>ポウアッ |
| 文豪 | great writer | gréit ráitə<br>グレイト　ライタァ |
| 翻訳 | translation | trænsléiʃən<br>トランスレイシャン |
| 文学賞 | prize for literature | práiz fə lítərətʃuə<br>プライズ　フォ　リタラチュア |
| 図書館 | library | láibreri<br>ライブラリィ |
| 書く | write | ráit<br>ライト |
| 読書する | read | ríːd<br>リード |

行動・趣味

## 関連単語＆文例

| | | | |
|---|---|---|---|
| エッセイ | essay<br>エッセイ | 古本屋 | secondhand bookstore<br>セカンハン　ブックストア |
| 伝記 | biography<br>バイアグラフィ | 人気作家 | popular writer<br>パピュラァ　ライタァ |
| SF（空想科学小説） | | 印税 | royalty<br>ロイァルティ |
| | science fiction＝sci-fi<br>サイアンス　フィクシャン　サイ　ファイ | 出版元 | publisher<br>パブリッシャァ |
| 辞書 | dictionary<br>ディクシャナリィ | 巻 | volume<br>バリューム |
| 古本 | used book<br>ユーズド　ブック | 百科事典 | encyclopedia<br>インサイカロピーディア |

My sister is a book-worm.　私の妹は本の虫です。
The writer is very popular.　その作家はとても人気があります。
I like mysteries.　私はミステリー小説が好きです。

## 趣味 絵画・写真

| 水彩画 | watercolor painting | wɔ́ːtəkʌ̀lə péintiŋ ウォータァカラァ ペインティン |
|---|---|---|
| 油彩画 | oil painting | ɔ́il péintiŋ オイル ペインティン |
| 風景画 | landscape painting | lǽn(d)skeip péintiŋ ランドスケイプ ペインティン |
| 人物画 | portrait | pɔ́ːtrət ポートレイト |
| 報道写真 | news photograph | n(j)úːz fóutəgræ̀f ニューズ フォウタグラフ |
| 画家 | painter | péintə ペインタァ |
| 写真家 | photographer | fətágrəfə フォウタグラファ |
| キャンバス | canvas | kǽnvəs キャンヴァス |
| 額縁 | frame | fréim フレイム |
| カメラ | camera | kǽm(ə)rə キャメラ |

### Column 絵画と写真に関する英会話

絵に関する興味を伝えるときは、
**I like to see a painting.**
(私は絵を見るのが好きです)
**I paint a picture in oils(watercolor).**
(私は油絵[水彩画]を描きます)
**I'm interested in impressionism.**
(私は印象派に興味があります)
などという表現が役に立ちます。

旅先などで知り合った外国人といっしょに写真を撮りたいときは、
**Would you join us ?**
(いっしょに撮りませんか?)
と言えばよいでしょう。

また、相手にシャッターを押してもらうように頼みたければ、
**Would you take our picture ?**
(私たちの写真を撮ってくれませんか?)
と言います。

# Picture／Photograph

|  |  |  |
|---|---|---|
| デジタルカメラ | digital camera | dídʒətl kǽm(ə)rə ディジィトル キャメラ |
| 使い捨てカメラ | disposable camera | dıspóuzəbl kǽm(ə)rə ディスポウザボー キャメラ |
| フィルム | film | fílm フィルム |
| アルバム | album | ǽlbəm アルバム |
| 展覧会 | exhibition | èksəbíʃən イクスィビシャン |
| 美術館 | art museum | ɑət mjúːzɪəm アート ミューズィアム |
| 現像 | development | dıvéləpmənt ディヴェラップメン |
| 焼き増し | reprint | ríːprìnt リープリント |
| 絵を描く | draw a picture | drɔː ə píktʃə ドゥロー ア ピクチュア |
| 撮影する | take a picture | teık ə píktʃə テイカ ピクチュア |

行動・趣味

## 関連単語

|  |  |
|---|---|
| 水墨画 | black-and-white drawing ブラックアンワイト ドゥローイン |
| 絵の具 | color カラー |
| 画用紙 | drawing paper ドゥローイン ペイパァ |
| 絵ふで | paintbrush ペイントブラッシュ |
| 抽象画 | abstract painting アブストラクト ペインティン |
| 写実主義 | realism リアリズム |
| ルノワール | Renoir レヌワー |
| ピカソ | Picasso ピカーソウ |
| ゴッホ | van Gogh ヴァンゴウ |
| ミレー | Millet ミレィ |
| 望遠レンズ | telephoto lens テレフォウトゥ レンズ |
| 広角レンズ | wide-angle lens ワイドアングル レンズ |
| 三脚 | tripod トライパッド |
| フラッシュ | flash フラッシュ |
| フィルムを入れる | load film ロード フィルム |
| 36枚撮りフィルム | thirty-six-exposure film サーティスィックス イクスパウジャ フィルム |

# 娯楽・趣味

|  |  |  |
|---|---|---|
| 陶芸 | ceramics | sərǽmıks セラミックス |
| 手芸 | handicrafts | hǽndıkræftz ハンディクラフツ |
| 園芸 | gardening | gáədnıŋ ガードニン |
| 生け花 | flower arrangement | flauə əreındʒmənt フラワ アレンジメン |
| ビリヤード | billiards | bíljədz ビリヤーズ |
| ボウリング | bowling | bóulıŋ ボウリン |
| チェス | chess | tʃés チェス |
| 囲碁 | go | góu ゴウ |
| トランプ | cards | káədz カーズ |
| 手品 | magic | mǽdʒık マジック |

## Column　趣味について尋ねる

　相手の趣味について尋ねたいときは、普通は趣味を複数形にして
**What are your hobbies ?**
（あなたの趣味は何ですか？）
あるいは、
**What do you enjoy most ?**
（何をしているときが一番楽しいですか？）
と言います。
　忙しくて趣味を楽しむ暇もないような人は、
**I have no time.**
（暇がありません）
と言うことになるのでしょう。逆にいっぱい時間があるのなら、
**I have much free time.**
（暇な時間がたくさんあります）
その暇な時間の利用法として、
**I read a book to kill time.**
（私は暇つぶしに本を読みます）
と表現することもできます。

## Pastime / Hobbies

|  |  |  |
|---|---|---|
| テレビ・ゲーム | video game | vɪdiou geɪm / ヴィディオゥ ゲイム |
| ビデオ鑑賞 | watching a video | watʃɪŋ ə vɪdiou / ウワッチン ア ヴィディオゥ |
| 遊園地 | amusement park | əmjuːzmənt paək / アミューズメン パーク |
| 競馬 | horse racing | hɔːs reɪsɪŋ / ホース レイスィン |
| 競輪 | bicycle race | baɪsɪkl reɪs / バイスィコー レイス |
| 競艇 | speedboat race | spiːdbout reɪs / スピードボウト レイス |
| オートレース | motorcycle race | moutəsaɪkl reɪs / モータァサイコー レイス |
| 編み物 | knitting | nítɪŋ / ニッティン |
| 日曜大工 | Sunday carpenter | sʌndeɪ kaəpəntə / サンデイ カーペンタァ |
| 遊ぶ | play | pléɪ / プレイ |

行動・趣味

### 関連単語&文例

|  |  |
|---|---|
| 日曜大工 (英) D.I.Y.＝(自分でやる) | do-it-yourself ドゥーイッヨアセルフ |
| 日曜画家 | Sunday painter サンデイ ペインタァ |
| 将棋 | Japanese chess ジャパニーズ チェス |
| 折り紙 | folding paper フォールディン ペイパァ |
| アロマセラピー | aromatherapy アロマセラピィ |
| 書道 | calligraphy カリグラフィ |
| 茶道 | tea ceremony ティー セレモニィ |
| 切手収集 | stamp collection スタンプ コレクシャン |
| オセロ | Othello アセロ |

**I get rid of stress by painting.**
絵を描くことでストレスを解消しています。

## レディーファースト・これだけは気をつけよう

　外国に行ったら、言葉だけでなく、レディーファーストに気をつけましょう。これは男性ばかりでなく、女性もその習慣を理解して対応していきたいものです。言葉としては簡単に、男性は **Please.**（どうぞ）、女性は **Thank you.**（ありがとう）で十分です。

エレベータは女性を先に 　　重い荷物は男性が持つ 　　ドアは男性が開ける

道は女性にゆずる 　　車のドアは男性が開ける

　レストランでは、クロークでオーバーなどを脱がせる。案内があれば女性が先に歩く。案内がなければ男性が先に歩いて席を探す。よい席（景色のよく見える席、壁を背にした席など）は女性に座らせる

**Basics**

# 学ぶ・働く
## *Learning / Working*

第5章

# 学ぶ　学校①

| 幼稚園 | kindergarten | kíndəgàːtn キンダァガートゥン |
| --- | --- | --- |
| 保育園 | nursery school | nə́ːs(ə)ri skuːl ナーサリィ　スクール |
| 小学校 | elementary school | eləméntəri skuːl エレメンタリィ　スクール |
| 中学校 | junior high school | dʒúːnjə haɪ skuːl ジュニア　ハイ　スクール |
| 高等学校 | senior high school | síːnjə haɪ skuːl スィニア　ハイ　スクール |
| 短期大学 | junior college | dʒúːnjə kɑ́lɪdʒ ジュニア　カリッジ |
| 総合大学 | university | jùːnəvə́ːsəti ユニヴァサティ |
| 単科学校 | college | kɑ́lɪdʒ カリッジ |
| 大学院 | graduate school | grǽdʒueɪt skuːl グラジュエイト　スクール |
| 公立学校 | public school | pʌ́blɪk skuːl パブリック　スクール |

## Column　学年の言い方

アメリカでは学年について、**grade**（学年）を用いて、**My daughter is in the fifth grade.**（私の娘は5年生です）などと言います。

アメリカなどは、小学校1年から高校3年までの学年を続けて表現するので、**Is Mike in the eighth grade?**（マイクは8年生[中学2年生]ですか？）という言い方になります。高校は10、11、12年生ということになるわけです。高校は**freshman**（1年生）、**junior**（2年生）、**senior**（3年生）というほかの呼び方もあります。

大学生は、**freshman**（1年生）、**sophomore**（2年生）、**junior**（3年生）、**senior**（4年生）、となります。

# School

学ぶ・働く

| 私立学校 | private school | praɪvət skuːl ブラヴィッ スクール |
|---|---|---|
| 専門学校 | specialized school | speʃəlaɪzt skuːl スペシャライズトゥ スクール |
| 予備校、塾 | cram school | kræm skuːl クラム スクール |
| 入学試験 | entrance examination | entrəns ɪgzæməneɪʃən エントランス イグザマネイシャン |
| 合格 | passing an examination | pæsɪŋ ən ɪgzæməneɪʃən パッスィン アン イグザマネイシャン |
| 学生 | student | st(j)úːdnt ステューデン |
| 先生 | teacher | tíːtʃə ティーチャァ |
| 教授 | professor | prəfésə プロフェッサァ |
| 教える | teach | tíːtʃ ティーチ |
| 学ぶ | study | stʌ́di スタディ |

## 関連単語

| 義務教育 | compulsory education カンパルサリィ エジュケイシャン |
| 生徒 | pupil ピュービル |
| 体育館 | gymnasium ジムネイズィアム |
| 講堂 | auditorium オーディトリアム |
| 視聴覚教室 | audio-visual education room オーディオヴィジュアル エジュケイシャンルーム |
| 保健室 | school infirmary スクールインファーマリィ |
| 職員室 | faculty room ファカルティ ルーム |

| 校長室 | principal's office プリンスィパルズ アフィス |
| 校歌 | school song スクール ソング |
| 低学年 | lower grades ロウア グレイズ |
| 高学年 | upper grades アパ グレイズ |

139

# 学ぶ　学校②

| 朝礼 | morning assembly | mɔ́ːniŋ əsémbli モーニン アセンブリィ |
|---|---|---|
| 授業 | class | klǽs クラス |
| 宿題 | homework | hóumwə̀ːk ホームワーク |
| １時間目 | first period | fəːst pí(ə)riəd ファースト ピリアッ |
| 時間割 | schedule | skédʒuːl スケジュール |
| 休み時間 | recess | ríːses リセス |
| 遠足 | outing | áutiŋ アウティン |
| 小さいテスト | quiz | kwíz クイズ |
| 中間試験 | midterm examination | mídtəːm ɪgzǽmənéɪʃən ミッドターム イグザマネイシャン |
| 期末試験 | term-end examination | təːmend ɪgzǽmənéɪʃən タームエン イグザマネイシャン |

## Column　学校での英会話

　学生は、日本でも海外でもいつもテストや宿題のことが気になるものです。
**When is the midterm exam ?**
（中間試験はいつですか？）
**We'll take it next week.**
（来週です）
**When is our homework due ?**
（私たちの宿題はいつまでに提出するのですか？）
**It's due next Monday.**
（来週の月曜日までです）

などという会話が、よく交わされています。
　アメリカなどの新学期は９月ですが、日本は４月なので、
**Our new school year starts in April.**
（私たちの新学期は４月に始まります）
と説明してあげましょう。

# School

| 卒業試験 | graduation examination | ˌgrædʒuˈeɪʃən ɪɡˌzæməˈneɪʃən グラジュエイシャン エグザマネイシャン |
|---|---|---|
| 学期（2学期制） | semester | səˈméstə セメスタァ |
| 学期（3学期制） | term | tə́ːm ターム |
| 単位 | credit | krédɪt クレディット |
| 必修科目 | required subject | rɪkwaɪəd sʌbdʒɪkt リクワイアード サブジェクトゥ |
| 選択科目 | elective subject | ɪlektɪv sʌbdʒɪkt イレクティヴ サブジェクトゥ |
| 卒業 | graduation | ˌgrædʒuˈeɪʃən グラジュエイシャン |
| 卒業式 | the commencement | ðə kəmensmənt ザ カメンスメン |
| 卒業アルバム | yearbook | jíəbùk イヤーブック |
| 同窓会 | alumni meeting | əlʌmnaɪ míːtɪŋ アラムナイ ミーティン |

学ぶ・働く

## 関連単語

| | | | |
|---|---|---|---|
| 入学式 | entrance ceremony エントランスセレモニィ | 登校拒否 | refusal to go to school リフューザル トゥ ゴー トゥ スクール |
| 始業式 | opening ceremony オープニン セレモニィ | 校内暴力 | violence at school ヴァイオレンス アッスクール |
| 終業式 | closing ceremony クロージン セレモニィ | 授業放棄 | cut classes カッ クラスィズ |
| 運動会 | athletic meet アスレティック ミートゥ | いじめ | bullying at school ブリィン アッ スクール |
| 学費 | school expense スクール イクスペンス | 部活動 | club activties クラブ アクティヴァティズ |
| 文化祭 | annual school festival アニュアルスクール フェスティヴァル | プロム | prom (学生主催のダンスパーティ) プラム |
| | (米) homecoming ホームカミン | | |
| | (卒業生もやってくるのでこの名がついた) | | |
| 退学 | leaving school リーヴィン スクール | | |

Annual School Festival

# 学ぶ　学科・学問

| 国語 | language | læŋgwidʒ<br>ラングィッジ |
| --- | --- | --- |
| 古文 | ancient writings | eɪnʃənt raɪtɪŋs<br>エインシャン ライティングス |
| 算数 | arithmetic | əríθmətìk<br>アリスマティック |
| 数学 | mathematics | mæθəmǽtɪks<br>マセマティックス |
| 社会学 | sociology | sòusiálədʒi<br>ソスィオラジィ |
| 歴史学 | history | hístəri<br>ヒストリィ |
| 考古学 | archaeology | àəkiálədʒi<br>アケアラジィ |
| 地理 | geography | dʒiágrəfi<br>ジェオグラフィ |
| 化学 | chemistry | kémɪstri<br>ケミストゥリィ |
| 科学 | science | sáɪəns<br>サイアンス |

## Column　学科・学問について尋ねる

どんな学科に興味があるのかは
**What do you like to study ?**
（何を勉強したいのですか?）
または、
**What are you interested in ?**
（何に興味をもっているのですか？）
と尋ねます。それに対しては、
**I like to study math.**
（数学を勉強したいのです）
**I'm interested in history.**
（歴史に興味をもっています）
などと答えます。

専門が何かを知りたい場合は、
**What's your major ?**
（専攻は何ですか?）
あるいは、
**What did you major in at college ?**
（大学では何を専攻しましたか?）
と尋ねればよいでしょう。

# Subject / Study

CD-2 13

学ぶ・働く

| 生物 | biology | baɪáːlədʒi バイアラジィ |
|---|---|---|
| 物理 | physics | fíziks フィズィックス |
| 情報処理 | data processing | deɪtə prasesɪŋ デイタ プラセスィン |
| 語学 | languages | læŋgwɪdʒz ラングィッジィズ |
| 哲学 | philosophy | fɪlásəfi フィラサフィ |
| 心理学 | psychology | saɪkáːlədʒi サイカラジィ |
| 医学 | medical science | medɪk(ə)l saɪəns メディクル サイアンス |
| 法学 | law | lɔ́ː ロー |
| 経済学 | economics | èkənámɪks エカナミックス |
| 工学 | engineering | èndʒəní(ə)rɪŋ エンジニアリン |

## 関連単語

| 漢文 | Chinese classics チャイニーズ クラスィックス |
| 人文科学 | humanities ヒューマニティズ |
| 日本文学 | Japanese literature ジャパニーズ リタラチャー |
| 天文学 | astronomy アストロノミィ |
| 保健体育 | health and physical education ヘルス アン フィズィカル エジュケイシャン |
| 体育 | PE = physical education ピーイー フィズィカル エジュケイシャン |
| 宇宙科学 | space science スペイス サイアンス |
| 家庭科 | domestic science ドメスティック サイアンス |
| 道徳 | moral education モラル エジュケイシャン |
| 倫理学 | ethics エスィックス |

## 学ぶ 文房具

| 鉛筆 | pencil | pénsl<br>ペンスル |
| --- | --- | --- |
| 色鉛筆 | colored pencil | kʌləd pensl<br>カラァド ペンスル |
| ボールペン | ballpoint pen | bɔːlpɔint pen<br>ボールポイント ペン |
| シャープペンシル | mechanical pencil | mɪkænɪk(ə)l pensl<br>メカニクル ペンスル |
| サインペン | felt-tip pen | felt tɪp pen<br>フェルト ティップ ペン |
| ノート | notebook | nóutbùk<br>ノウトブック |
| 消しゴム | eraser | ɪréɪsə<br>イレイサァ |
| 修正液 | whiteout | (h)wáɪtàut<br>ワイトアウ |
| はさみ | scissors | sízəz<br>スィザァズ |
| カッター | cutter knife | kʌtə naɪf<br>カッタァ ナイフ |

### Column　商標名がそのまま商品名に

　文房具のなかには、商標名がそのまま一般に使われているものがいくつかあります。たとえば、ホッチキス（**Hotchkiss**）は商標名で日本では通じますが、英語では**stapler**と言います。これは「〜を留めるもの」という意味です。

　また、セロテープ（**Cellotape**）はイギリスでは通じますが、アメリカではスコッチテープ（**Scotch tape**）と言います。実はこの２つとも商標名なのです。正式には接着テープのことは **adhesivetape** と言います。

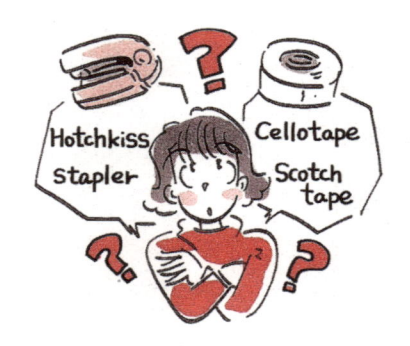

# Stationery

| | | |
|---|---|---|
| のり | glue | glúː グルー |
| セロテープ | Scotch tape | skatʃ teɪp スカッチ テイプ |
| 定規 | ruler | rúːlə ルーラァ |
| コンパス | compass | kʌ́mpəs カンパス |
| 電卓 | calculator | kǽlkjulèɪtə キャルキュレイタァ |
| ホッチキス | stapler | stéɪplə ステイプラァ |
| 画びょう | thumbtack | θʌ́mtæk サムタック |
| クリップ | clip | klíp クリップ |
| ファイル | file | fáɪl ファイル |
| 筆記用具 | writing materials | raɪtɪŋ məti(ə)rɪəlz ライティン マテリアルズ |

学ぶ・働く

## 関連単語

シャープペンシル　(英)propelling pencil
　　　　　　　　　プロペリン ペンシル
替え芯　　　　　　spare lead
　　　　　　　　　スペア レッド
画びょう　　　　　(英)drawing pin
　　　　　　　　　ドゥローイン ピン
メモ用紙　　　　　memo pad
　　　　　　　　　メモ パッド
マジック
　　Magic Marker(商標名)=marker
　　　マジック マーカァ　　　　マーカァ
鉛筆削り　　　　　pencil sharpener
　　　　　　　　　ペンスル シャープナァ
蛍光マーカー　　　fluorescent marker
　　　　　　　　　フルアレスント マーカァ

バインダー　　binder
　　　　　　　バインダァ
三角定規　　　triangle
　　　　　　　トライアングル
地球儀　　　　globe
　　　　　　　グロウブ

# 働く　OA機器

|  |  |  |
|---|---|---|
| パソコン | personal computer | pəːs(ə)nəl kəmpjuːtə / パースナル　カンピュータァ |
| デスクトップ | desktop computer | desktap kəmpjuːtə / デスクタップ　カンピュータァ |
| ノート型パソコン | notebook computer | noutbuk kəmpjuːtə / ノウトブック　カンピュータァ |
| ラップトップコンピュータ | laptop | lǽptàp / ラップタップ |
| モニター | monitor | mánətə / マナタァ |
| 短縮ダイヤル | speed dial | spiːd daı(ə)l / スピード　ダイアル |
| ファックス、ファクシミリ | fax／facsimile | fæks／fæksíməlı / ファクス　ファクシマリ |
| コンピュータウィルス | computer virus | kəmpjuːtə vaı(ə)rəs / カンピュータァ　ヴァイラス |
| プッシュホン | touch-tone phone | tʌtʃtoun foun / タッチトウン　フォウン |
| ワープロ | word processor | wəːd prasesə / ワード　プラセッサァ |

## ミニ知識　OA化されたオフィス

- answering machine　留守番電話
- multi-function telephone　多機能電話
- copy machine　コピー機
- time clock　タイムレコーダー
- keyboard　キーボード
- mouse　マウス

## Office automation

|  |  |  |
|---|---|---|
| 保存する | save | séɪv セイヴ |
| 読み込む | read | ríːd リード |
| フロッピーディスク | floppy disk | flɑpi dɪsk フラッピィ ディスク |
| CDロム | CD-ROM | siːdiː ram スィーディー ラム |
| ソフトウエア | software | sɔ́ːftwèə ソーフトウェア |
| スクリーン（画面） | screen | skríːn スクリーン |
| インターネット | Internet | ɪntəːnet インターネット |
| ホームページ | web site | web saɪt ウエブ サイ |
| Eメール | electronic mail (e-mail) | ɪlektranɪk meɪl イレクトラニック メイル |
| パスワード | password | pǽswə̀ːd パスワード |

### 関連単語&文例

|  |  |
|---|---|
| 接続する | connect カネクト |
| 立ち上げる | boot up ブートゥ アップ |
| 終了する | quit クウィッ |
| 処理する | process プラセス |
| 入力 | input インプッ |
| 出力 | output アウトプッ |
| プリンター | printer プリンタァ |
| スキャナー | scanner スキャナァ |

I surf the Internet everyday.　私は毎日ネットサーフィンしています。
I came across a web site concerning jungles of the world.
　私は昨日、世界のジャングルに関するホームページを見つけました。

# 働く — 職種

|  |  |  |
|---|---|---|
| 会社員 | office worker | άːfɪs wəːkə / アフィス ワーカァ |
| 警察官 | police officer | pəlíːs άfɪsə / ポリース アフィサァ |
| 医者（医師） | doctor | dάktə / ドクタァ |
| 歯医者（歯科医） | dentist | déntɪst / デンティストゥ |
| 看護婦（看護士） | (male) nurse | (meɪl)nə́ːs / メイル ナース |
| 弁護士 | lawyer | lɔ́ːjə / ローヤァ |
| エンジニア（技師） | engineer | èndʒəníə / エンジニア |
| 美容師 | beautician | bjuːtíʃən / ビューティシャン |
| 会計士 | accountant | əkáuntənt / アカウンタントゥ |
| 税理士 | licensed tax accountant | láɪsnst tæks əkáuntənt / ライセンスト タックス アカウンタントゥ |

### Column　職業についての英会話

職業について尋ねる場合は、簡単に、
**What's his job ?**
（彼の仕事は何ですか？）

または、
**What do you do ?**
（あなたの仕事は何ですか？）
と言います。

職場について尋ねられた場合は、
**She works for the company.**
（彼女はその会社で働いています）
転職するというときは、
**He's going to change his job next year.**
（彼は来年転職するつもりです）
となります。

## Occupation

| 銀行員 | bank clerk | bæŋk kləːk バンク クラーク |
|---|---|---|
| 農夫 | farmer | fáəmə ファーマァ |
| 漁師 | fisherman | fíʃəmən フィッシャーマン |
| 自営業 | self-employed | self ɪmplɔɪd セルフ エンプロイド |
| 郵便局員 | post-office clerk | poust aːfɪs kləːk ポウスト アフィス クラーク |
| 大工 | carpenter | káəpəntə カーペンタァ |
| 運転手 | driver | dráɪvə ドゥライヴァ |
| サービス業 | service job | səːvɪs dʒab サーヴィス ジャブ |
| 建築士 | qualified architect | kwaləfaɪd aəkətekt クウォラファイド アーキテクトゥ |
| プログラマー | programmer | prougræmə プログラマァ |

### 関連単語 & 文例

| 幼稚園教諭 | kindergarten teacher キンダーガートゥン ティーチァ |
| 保育士 | (male) nurse メイル ナース |
| 公務員 | government worker ガーヴァメント ワーカァ |
| 店員 | salesclerk セイルズクラーク |
| 調理師 | licensed cook ライセンスト クック |
| 作家 | writer ライタァ |
| 画家 | painter ペインタァ |

| 検事 | public prosecutor パブリック プラスィキュータァ |
| 裁判官 | judge ジャッジ |
| 薬剤師 | pharmacist ファーマスィスト |

**Keiko found a job in Tokyo.**
ケイコは東京で就職しました。

# 働く

## 役職

| 社員 | employee | ɪmplɔ́ɪíː / インプロイー |
| 係長 | chief | tʃíːf / チーフ |
| 課長 | manager | mǽnɪdʒə / マニジャア |
| 課長代理 | deputy manager | depjuti mǽnɪdʒə / デピュティ マニジャア |
| 次長 | deputy director | depjuti dərektə / デピュティ ダレクタア |
| 部長 | general manager | dʒen(ə)rəl mǽnɪdʒə / ジェヌラル マニジャア |
| 取締役 | director | dərektə / ダレクタア |
| 常務 | managing director | mǽnɪdʒɪŋ dərektə / マニジン ダレクタア |
| 専務 | executive director | ɪgzekjutɪv dərektə / イグゼキュティヴ ダレクタア |
| 副社長 | vice-president | váɪsprézədənt / ヴァイスプレザデン |

### Column　ビジネスでの電話の英会話

**May I speak to Ms. Arakawa, the head of the sales department?**
（販売部の荒川部長とお話ししたいのですが？）

というような電話がかかってきたときに、本人が外出している場合には、
**I'm sorry she's out now.**
（申しわけございません。彼女はただ今外出中でございますが）
と言います。帰ってくる時間がわかっていれば、
**She would be back by 5 p.m.**
（午後5時には戻ることになっております）
と伝えてから、
**Shall I have her call you back?**
（折り返しお電話させましょうか？）
と言えばよいでしょう。

# Managerial position

| 社長 | president | prézədənt プレザデン |
|---|---|---|
| 会長 | chairman | tʃéəmən チェアマン |
| 顧問 | advisor | ədváizə アドヴァイザァ |
| 監査役 | auditor | ɔ́:dətə オーデタァ |
| 支配人 | manager | mǽnidʒə マニジャア |
| 委員長 | chairperson | tʃéəpə̀:sn チェアパースン |
| 院長 | director | dərékta ダレクタァ |
| 所長 | head of an office | hed (ə)v ən a:fɪs ヘッドヴ アノオフィス |
| 支店長 | branch manager | bræntʃ mǽnidʒə ブランチ マニジャア |
| 料理長 | chef | ʃéf シェフ |

学ぶ・働く

## 関連単語&文例

| 担当役員 | director in charge ディレクタ イン チャージ |
| 関係者 | persons concerned パースンズ カンサーンド |
| 嘱託 | part-time employee パータイム エンプロイー |
| 直属の上司 | immediate supervisor イミディエットゥ スーパーヴァイザァ |
| 課長補佐 | assistant manager アシスタン マニジャア |

理事長
chairman of the board of directors
チェアマン アヴ ザ ボードアヴ ディレクターズ

Is the president at the company now?
　社長は今、会社においでになりますか？
I'd like to meet the person in charge.
　担当の方とお会いしたいのですが。

chairman of the board of directors

# 働く 職場で

|  |  |  |
|---|---|---|
| 本社 | head office | hed ɑːfɪs ヘッドーフィス |
| 支社（支店） | branch | bræntʃ ブランチ |
| 上司 | boss | bɔ́ːs ボース |
| 部下 | staff | stæf スタッフ |
| 同僚 | colleague | kɑ́liːg カリーグ |
| 給料 | salary | sǽl(ə)ri サラリィ |
| 昇進 | promotion | prəmóuʃən プラモウシャン |
| 出勤 | attendance | əténdəns アテンダンス |
| 退社 | quitting | kwítɪŋ クイッティン |
| 遅刻する | come late | kʌm leɪt カム レイト |

## Column　アポイントを忘れずに

ビジネスで会社を訪問し、受付で、
**I'd like to meet Mr. White of the planning department.**
（企画部のホワイト氏にお会いしたいのですが）
と言うと、必ず
**Do you have an appointment ?**
（お約束でございますか）
と聞かれます。そのときに、
**I have an appointment with him at 3 p.m.**
（午後3時に彼と会う約束をしています）
ということであればよいのですが、もしも事前に約束がなければ、まず会うことはできません。前もって、
**I'd like to make an appointment.**
（お会いする約束をしたいのですが）
と言って、時間を決めておくことが大切です。

こちらにどうぞ！

# Business terms

|  |  |  |
|---|---|---|
| 残業 | overtime work | ouvətaɪm wəːk / オウヴァタイム ワーク |
| 出張 | business trip | bɪznəs trɪp / ビズネス トリップ |
| 休み | day off | deɪ ɔːf / デイ アフ |
| 転勤 | transference | trænsfə́ːrəns / トランスファーランス |
| 出金 | payment | péɪmənt / ペイメント |
| 入金 | receipt | rɪsíːt / リスィート |
| 経理 | accounting | əkáuntɪŋ / アカウンティン |
| 人事 | personnel | pə̀ːsənél / パースネル |
| 退職 | retirement | rɪtáɪəmənt / リタイアメント |
| 辞職 | resignation | rèzɪgnéɪʃən / レジグネイシャン |

## 関連単語&文例

|  |  |
|---|---|
| 年収 | annual income (アニュアル インカム) |
| ボーナス | bonus (ボーナス) |
| 定年 | retirement age (リタイアメン エイジ) |
| フレックスタイム | flextime (フレックスタイム) |
| 仕事中 | be at work (ビー アッ ワーク) |
| 仕事中毒 | workaholic (ワーカホリック) |
| リストラ | restructuring (リーストラクチュアリン) |
| 工場 | factory (ファクタリィ) |
| 年金 | pension (ペンシャン) |
| 異動 | change (チェインジ) |
| 倒産 | bankruptcy (バンクラプトスィ) |

She's at work now. 彼女はただ今、仕事中です。
He's on a business trip to New York. 彼はニューヨークへ出張中です。
Mary is working in the planning section. メアリーは企画課で働いています。

学ぶ・働く

# 働く 政治・経済

| 国民 | the people | ðə píːpl ザ ピーポー |
|---|---|---|
| 市民 | citizen | sítəzn スィティズン |
| （日本の）国会 | the Diet | ðə daɪət ザ ダイアット |
| 憲法 | constitution | kànstət(j)úːʃən カンスティテューシャン |
| 条例 | regulations | règjuléɪʃənz レギュレイシャンズ |
| 自治体 | self-governing body | self gʌvənɪŋ badi セルフ ガヴァニン バディ |
| 税金 | tax | tæks タックス |
| 政治家 | politician | pàlətíʃən ポリティシャン |
| 選挙 | election | ɪlékʃən イレクシャン |
| 投票 | voting | vóutɪŋ ヴォウティン |

## ミニ知識　日本の内閣

内閣　Cabinet
内閣総理大臣　Prime Minister

■〜大臣　Minister of 〜

- 文部省　Ministry of Education
- 法務省　Ministry of Justice
- 外務省　Ministry of Foreign Affairs
- 大蔵省　Ministry of Finance
- 厚生省　Ministry of Health and Welfare
- 農林水産省　Ministry of Agriculture, Forestry and Fisheries
- 通商産業省　Ministry of International Trade and Industry
- 運輸省　Ministry of Transport
- 郵政省　Ministry of Posts and Telecommunications
- 労働省　Ministry of Labor
- 建設省　Ministry of Construction
- 自治省　Ministry of Home Affairs

# Politics / Economy

| 貿易 | trade | tréɪd<br>トレイド |
|---|---|---|
| 取り引き | transaction | trænsǽkʃən<br>トランサクシャン |
| 生産 | production | prədʌ́kʃən<br>プラダクシャン |
| 利益 | benefit | bénəfit<br>ベニフィット |
| 損失 | loss | lɔ́ːs<br>ロス |
| 輸入 | import | ímpɔːt<br>インポート |
| 輸出 | export | ékspɔːt<br>エクスポート |
| 納期 | date of delivery | deɪt (ə)v dɪlív(ə)ri<br>デイタヴ ディリヴァリィ |
| 景気 | business | bíznəs<br>ビズニス |
| 物価 | prices | práɪsɪz<br>プライスィズ |

## 関連単語

| 衆議院 | House of Representatives<br>ハウス アヴ レプリゼンタティヴズ |
| 参議院 | House of Councillors<br>ハウス アヴ カウンサラズ |
| 与党 | the Government party<br>ザ ガヴァメント パーティ |
| 野党 | nongovernment party<br>ノンガヴァメント パーティ |
| 地方行政 | local administration<br>ローカー アドミニストレシャン |
| 議員 | Diet member<br>ダイアッ メンバァ |
| 候補者 | candidate<br>キャンディデイト |
| 国会 | (米)Congress／(英)Parliament<br>カングレス　　　バーラメント |
| 参政権 | suffrage<br>サフリッジ |

| 需要 | demand<br>ディマンド |
| 供給 | supply<br>サプライ |
| 交渉 | negotiation<br>ニゴウスィエイシャン |
| 契約 | contract<br>カントラクト |
| 経済援助 | economic aid<br>イカナミック エイド |

学ぶ・働く

# 働く　法律

| 法律 | law | lɔ́ː / ロー |
|---|---|---|
| 裁判 | trial | tráɪəl / トライアル |
| 裁判所 | court | kɔ́ːt / コートゥ |
| 家庭裁判所 | family court | fǽm(ə)li kɔ́ːt / ファミリィ　コートゥ |
| 少年院 | reformatory | rɪfɔ́ːmətɔ̀ːri / リフォーマトリィ |
| 刑務所 | prison | prízn / プリズン |
| 起訴 | prosecution | pràsɪkjúːʃən / プロセキューシャン |
| 刑事訴訟 | criminal suit | krímənl súːt / クリミナル　スートゥ |
| 民事訴訟 | civil suit | sív(ə)l súːt / スィヴィル　スートゥ |
| 原告 | accuser | əkjúːzə / アキューザァ |

## ミニ知識　裁判所のしくみ

public prosecutor 検察官
judge 裁判官
lawyer 弁護士
原告　被告

最高裁判所
高等裁判所
地方裁判所　家庭裁判所
簡易裁判所

# Law

| 被告 | accused | əkjúːzd アキューズドゥ |
|---|---|---|
| 証人 | witness | wítnəs ウィットニス |
| 賠償金 | compensation | kàmpənséiʃən カンペンセイシャン |
| 評決、判決 | judg(e)ment | dʒʌ́dʒmənt ジャッジメン |
| 有罪 | guilty | gílti ギルティ |
| 無罪 | innocent | ínəsnt イノスント |
| 証拠 | proof | prúːf プルーフ |
| 訴える | sue | súː スー |
| 証言する | testify | téstəfài テスティファイ |
| 上訴する | appeal | əpíːl アピール |

学ぶ・働く

### 関連単語

| 法廷 | court コートゥ |
| 偽証 | false evidence フォールス エヴィダンス |
| 懲役 | penal servitude ピーナル サーヴィテュードゥ |
| 執行猶予 | stay of execution ステイ アヴ エクスィキューシャン |
| 刑事事件 | criminal case クリミナル ケイス |
| 民事事件 | civil case スィヴィル ケイス |
| 証拠隠滅 | destruction of evidence デストラクシャン アヴ エヴィダンス |
| 陪審員 | juror ジュラァ |

| 陪審員の評決 | verdict ヴァーディクト |
| 正義 | justice ジャスティス |
| 悪 | evil イーヴル |

157

# 働く　金融

| 証券取引 | stock exchange | stɑk ɪkstʃeɪndʒ<br>スタック　イクスチェインジ |
| --- | --- | --- |
| 有価証券 | securities | sɪkjú(ə)rətiːz<br>スィキュラティーズ |
| 投資信託 | investment trust | ɪnves(t)mənt trʌst<br>インヴェストゥマン　トラスト |
| 売買 | dealing | díːlɪŋ<br>ディーリン |
| 流通 | circulation | sèːkjuléɪʃən<br>サーキュレイシャン |
| 株 | stock | stɑk<br>スタック |
| 株式市場 | stock market | stɑk mɑəkɪt<br>スタック　マーキッ |
| 株式相場 | quotations for stocks | kwouteɪʃənz fə stɑks<br>クオウテイシャンズ　フォ　スタックス |
| 配当金 | dividend | dívədènd<br>ディヴァデンド |
| 株主 | stock holder | stɑk houldə<br>スタック　ホウルダァ |

## Column　ドルと円

　円とドルの為替相場について尋ねたいときは、
**What's the exchange rate of the yen to the dollar?**
（円とドルの為替相場はいくらですか？）
などと聞きます。すると、
**One dollar is 102 yen.**
（1ドルは102円です）
というような答えが返ってくるわけです。
　間もなく円が高くなりそうだ、というのであれば、

**The yen will soon be strong.**
（間もなく円高になるでしょう）
　逆に円安になるかもしれないと言う場合は、**strong**の代わりに**weak**（弱い）を入れればよいのです。

# Finance

| 為替レート | exchange rate | ɪkstʃeɪndʒ reɪt<br>イクスチェインジ レイトゥ |
|---|---|---|
| 債券 | bond | bánd<br>バン |
| 円高 | strong yen | strɔːŋ jen<br>ストロング イエン |
| インフレ | inflation | ɪnfléɪʃən<br>インフレイシャン |
| デフレ | deflation | dɪfléɪʃən<br>ディフレイシャン |
| 通貨 | currency | kə́ːrənsi<br>カーランスィ |
| 小切手 | check | tʃék<br>チェック |
| 資本 | capital | kǽpətl<br>キャパトル |
| 収支 | income and expenditure | ɪnkʌm ən(d) ɪkspendɪtʃə<br>インカム アン イクスペンディチャア |
| 投資 | investment | ɪnvés(t)mənt<br>インヴェストゥメン |

学ぶ・働く

## 関連単語&文例

| 為替相場 | foreign exchange rate フォーリン イクスチェインジ レイト | 黒字 | surplus サープラス |
| 暴落 | sharp decline シャープ デクライン | 国債 | national bond ナショナル ボンド |
| 暴騰 | sudden rise サドゥン ライズ | サラ金 | consumer loan company カンシューマァ ローン カンパニィ |
| 株 | share シェア | 高利貸し | loan shark ローン シャーク |
| 証券会社 | securities company セキュリティズ カンパニィ | 不況 | recession リセッシャン |
| 合併 | merger マージャア | 景気回復 | recovery of economy リカヴァリィ アヴ イカナミィ |
| 乗っ取り | take over テイク オーヴァ | | |

**The stock prices may rise soon.** 株価は間もなく上がるかもしれません。
**Prices are going down.** 物価が下がっています。

# 働く マスコミ

|  |  |  |
|---|---|---|
| マスコミ | mass communication | mǽs kəmjùːnəkéɪʃən マス カミューニケイシャン |
| テレビ | television | téləvìʒən テレヴィジャン |
| 出版 | publishing | pʌ́blɪʃɪŋ パブリッシン |
| 新聞 | newspaper | n(j)úːzpèɪpə ニューズペイパァ |
| 雑誌 | magazine | mǽgəzìːn マガズィーン |
| 書籍 | books | búks ブックス |
| 記者 | journalist | dʒə́ːnəlɪst ジャーナリスト |
| 編集者 | editor | édɪtə エディタァ |
| レポーター | reporter | rɪpɔ́ːtə リポータァ |
| アナウンサー | announcer | ənáunsə アナウンサァ |

## Column 情報の出所は？

　私たちは相手が自分より先にニュースや情報を知っていたりすると、
**How did you know that ?**
（どうして知っているのですか？）
とよく聞きます。その答えは、
**I watched it on the TV news flash.**
（テレビのニュース速報で見ました）
あるいは、
**I read the article in the newspaper.**
（新聞の記事で読みました）
ということになります。
　また、最近はインターネットを使って、
**I got the information on the Internet.**
（インターネットで調べました）
という場合もあるでしょう。

# Mass communication

| | | |
|---|---|---|
| キャスター | newscaster | n(j)úːzkæstə ニューズキャスタァ |
| 特派員 | correspondent | kɔːrəspándənt コーレスパンダン |
| 記事 | article | áətɪkl アーティクル |
| インタビュー | interview | íntəvjùː インタヴュー |
| 番組 | program | próugræm プロウグラム |
| 報道 | report | rɪpɔ́ət リポート |
| 取材 | collecting news | kəlektɪŋ n(j)uːz カレクティン ニューズ |
| ニュース | news | n(j)uːz ニューズ |
| 事件 | case | kéɪs ケイス |
| 放送 | broadcasting | brɔ́ːdkæstɪŋ ブロードキャスティン |

## 関連単語&文例

| | | | | |
|---|---|---|---|---|
| マスコミ | mass media マス ミーディア | | 視聴率 | audience rating オーディアンス レイティン |
| 海外ニュース | foreign news フォーリン ニューズ | | 人気テレビ番組 | |
| 情報源 | news source ニューズ ソース | | | top-rated TV program タップ レイティッド ティーヴィ プログラム |
| ニュース解説 | news commentary ニューズ カメンタリィ | | 生放送 | live broadcasting ライヴ ブロードキャスティン |
| ニュース解説者 | news commentator ニューズ カメンテイタァ | | スキャンダル | scandal スキャンダル |
| テレビ中継する | televise テレヴァイズ | | 記者会見 | press conference プレス カンファランス |

Which newspaper do you subscribe to ? どんな新聞を読んでいますか？
I'm interested in foreign news. 私は海外のニュースに興味をもっています。

桑原MEMO

## 海外のボディランゲージ

相手のしぐさにはいろいろな意味があります。

手のひらを上向きに／首を傾け肩をすぼめる

I don't know.（わかりません。私はあまりかかわっていないのです）

手の指を組んで、親指をグルグル回す

I'm bored.（たいくつだな〜）

親指を立てる

You are great !（あなたはすごい！）

親指を下に向ける

Go to hell !（お前なんか、くたばれ！）

人差し指を立てて左右に振る

No, no.（ダメ、ダメ）

中指を人差し指にからめる

Good luck !（がんばってね！）

**Basics**

第6章

# 身近な言葉
## *Basic Words*

# 身近な言葉　日にち・曜日・時間

| | | |
|---|---|---|
| 今日 | today | tudéɪ<br>トゥデイ |
| 明日 | tomorrow | tumárou<br>トゥマロゥ |
| 昨日 | yesterday | jéstədèɪ<br>イエスタデイ |
| 日曜日 | Sunday | sʌ́ndèɪ<br>サンデイ |
| 月曜日 | Monday | mʌ́ndèɪ<br>マンデイ |
| 火曜日 | Tuesday | t(j)úːzdèɪ<br>チューズデイ |
| 水曜日 | Wednesday | wénzdèɪ<br>ウエンズデイ |
| 木曜日 | Thursday | θə́ːzdèɪ<br>サーズデイ |
| 金曜日 | Friday | fráɪdèɪ<br>フライデイ |
| 土曜日 | Saturday | sǽtədèɪ<br>サタデイ |

## Column　回数と頻度を表す英会話

「週に1回」というのは
**I study English once a week.**
（私は週に1回英語を勉強します）
と言います。
　これが2回になると、**twice** になります。あとは数が増えるに従って、3回（**three times**）、4回（**four times**）と **times**（回数）を使って言えばよいのです。
　また、頻度については下の図のような関係になっているので、覚えておくと便利です。

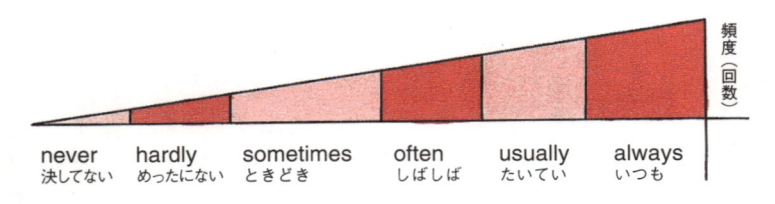

| never<br>決してない | hardly<br>めったにない | sometimes<br>ときどき | often<br>しばしば | usually<br>たいてい | always<br>いつも |

頻度（回数）

# Days / Time

| 午前中 | in the morning | in ðə mɔ́ːniŋ / イン ザ モーニン |
| --- | --- | --- |
| 午後中 | in the afternoon | in ði æftənuːn / イン ズィ アフタヌーン |
| 夕方 | in the evening | in ði íːvniŋ / イン ズィ イーヴニン |
| 夜 | night | náit / ナイト |
| 今 | now | náu / ナウ |
| 一日中 | all day long | ɔːl dei lɔːŋ / オール デイ ロン |
| 3日間 | for three days | fə θriː deiz / フォー スリー デイズ |
| 1週間 | for a week | fə ə wíːk / フォー ア ウィーク |
| いつも | always | ɔ́ːlweiz / オールウエイズ |
| 毎日 | everyday | évridèi / エヴリデイ |

身近な言葉

## 関連単語

| あさって | the day after tomorrow ザ デイ アフタァ トゥマロウ | 夜明け | dawn ドーン |
| --- | --- | --- | --- |
| おととい | the day before yesterday ザ デイ ビフォー イエスタデイ | 日の出 | sunrise サンライズ |
|  |  | 日の入り | sunset サンセッ |
| 先週 | last week ラースト ウィーク | 昼下り | in the early afternoon イン ズィ アーリィ アフタヌーン |
| 今週 | this week ディス ウィーク | 真夜中 | midnight ミッド ナイト |
| 来週 | next week ネクスト ウィーク | 未来 | future フューチァア |
| 週日(平日) | weekday ウィークデイ | 過去 | past パースト |
| 週末 | weekend ウィークエンド | 現在 | present プレゼント |

## 身近な言葉　季節・月

| 春 | spring | spríŋ<br>スプリン |
|---|---|---|
| 夏 | summer | sʌ́mə<br>サマァ |
| 秋 | fall | fɔ́ːl<br>フォール |
| 冬 | winter | wíntə<br>ウインタァ |
| 1月 | January | dʒǽnjuèri<br>ジャニュアリィ |
| 2月 | February | fébruèri<br>フェブルアリィ |
| 3月 | March | máətʃ<br>マーチ |
| 4月 | April | éɪprəl<br>エイプリル |
| 5月 | May | méɪ<br>メイ |
| 6月 | June | dʒúːn<br>ジューン |

### Column　初旬・中旬・下旬の表現

「月の初めに」というのは、
**I go shopping at the beginning of the month.**
（私は月の初めにショッピングに行きます）
と言います。
「中旬に」「下旬に」はそれぞれ
**in the middle of August**
（8月中旬に）
**in the end of March**
（3月下旬に）
となります。
　これは、季節についても同じように、

**at the beginning of summer**
（夏の初めに）
などと使うことができますが、このほかにも、

初夏　**early summer**
真冬　**midwinter**
晩秋　**late fall**
という言い方もあるので覚えておくと、便利です。

## Seasons / Months

| | | |
|---|---|---|
| 7月 | July | dʒulái ジュライ |
| 8月 | August | ɔ́ːgəst オーガスト |
| 9月 | September | septémbə セプテンバァ |
| 10月 | October | aktóubə オクトーバァ |
| 11月 | November | nouvémbə ノゥヴェンバァ |
| 12月 | December | dısémbə ディセンバァ |
| カレンダー | calendar | kǽləndə キャランダァ |
| 来月 | next month | nekst mʌnθ ネクスト マンス |
| 年末 | the end of the year | ði end (ə)v ðə jiə ズィ エンドヴ ザ イヤァ |
| 年始 | the beginning of the year | ðə bıgınıŋ (ə)v ðə jiə ザ ビギニン アヴ ザ イヤァ |

身近な言葉

### 関連単語&文例

| 初春 | early spring アーリィ スプリング |
| 初秋 | early autumn アーリィ オータム |
| 真夏 | midsummer ミドサマァ |
| 四季 | four seasons フォー スィーズンズ |
| 一年中 | all through the year オール スルー ザ イヤァ |
| 先月 | last month ラースト マンス |
| 季節 | seasonal スィーズナル |

We're sensitive to the changes of the seasons.
私たちは季節の移り変わりに敏感です。

## 身近な言葉 単位

| | | |
|---|---|---|
| グラム | gram | grǽm<br>グラム |
| キログラム | kilogram | kíləgræm<br>キラグラム |
| トン | ton | tʌ́n<br>タン |
| ミリ | millimeter | míləmìːtə<br>ミリミータァ |
| センチ | centimeter | séntəmìːtə<br>センティミータァ |
| メートル | meter | míːtə<br>ミータァ |
| キロメートル | kilometer | kılámətə<br>キラミタァ |
| 秒 | second | sék(ə)nd<br>セカン |
| 分 | minute | mínıt<br>ミニッ |
| 時 | hour | áuə<br>アウァ |

### Column　数えられない名詞の数え方

　英語で物質名詞というのは、簡単に言うと、細かくしてもその性質が変わらないもののことで、そのため1つ2つと数えません。

　食べ物や飲み物などがこれにあたりますが、数える場合は瓶やグラスに入れた状態を1つの単位として、**a bottle of wine**（1本のワイン）**a cup of milk**（1杯のミルク）などというように入れ物で数えます。

　複数も同様に、
**three bottles of wine**（3本のワイン）
**two cups of milk**（2杯のミルク）
と言うわけです。

# Unit

身近な言葉

| 1枚の | a sheet of ~ | ə ʃiːt (ə)ʌ<br>ア シート アヴ |
|---|---|---|
| 1個の | a piece of ~ | ə piːs (ə)ʌ<br>ア ピース アヴ |
| 1箱の | a box of ~ | ə baks (ə)ʌ<br>ア ボックス アヴ |
| 1杯の | a glass of ~ | ə glæs (ə)ʌ<br>ア グラス アヴ |
| 1足の（1対の） | a pair of ~ | ə peə (ə)ʌ<br>ア ペア アヴ |
| スプーン1杯の | a spoonful of ~ | ə spuːnful (ə)ʌ<br>ア スプーンフル アヴ |
| マイル（約1.6km） | mile | máil<br>マイル |
| ポンド（約453g） | pound | páund<br>パウンド |
| フィート（約30cm） | feet | fíːt<br>フィート |
| インチ（約2.5cm） | inch | íntʃ<br>インチ |

## 関連単語

| 風速 | wind velocity<br>ウィンド ヴェラスィティ | 1トンの | a ton of ~<br>ア タン アヴ |
|---|---|---|---|
| 時速 | speed per hour<br>スピード パァ アワァ | ひと束の | a bunch of ~<br>ア バンチ アヴ |
| 秒速 | speed per second<br>スピード パァ セカン | ひと切れの | a slice of ~<br>ア スライス アヴ |
| バケツ1杯の | a bucketful of ~<br>ア バケッフル アヴ | ひとかたまりの | a loaf of ~<br>ア ロウフ アヴ |
| ひと袋の | a bag of ~<br>ア ベァッグ アヴ | | |

cheese　　paper　　bread

## 身近な言葉 方向

| 前 | front | frʌ́nt<br>フラント |
|---|---|---|
| 横 | side | sáɪd<br>サイド |
| 右 | right | ráɪt<br>ライト |
| 左 | left | léft<br>レフト |
| 後ろ | back | bǽk<br>バック |
| 斜め | diagonal | dàɪǽgənl<br>ダイアガヌル |
| 右横 | right side | raɪt saɪd<br>ライト サイド |
| 左横 | left side | left saɪd<br>レフト サイド |
| 右下 | lower right | louə raɪt<br>ロウア ライト |
| 左下 | lower left | louə left<br>ロウア レフト |

### Column　同じ西でも表現が違う

　ひと口に「西」と言っても、英語では表現がいろいろと変化します。たとえば、

**Machida city is in the west side of Tokyo.**
（町田市は東京の西にあります）
という場合は、町田市が東京都の中にあるので、**in the west of**（〜の西部に）を用います。
　一方、東京都内ではない横浜などの場合は、
**Yokohama is to the west of Tokyo.**（横浜は東京の西にあります）のように、**to the west of**（〜の西のほうに）を使うのです。
　日本語では同じ「西に」という表現ですむのですが、英語でははっきりと区別しているので注意が必要です。

## Direction

| | | |
|---|---|---|
| 斜め右 | diagonally right | daɪæɡənəli raɪt<br>ダイアガナリィ ライト |
| 斜め左 | diagonally left | daɪæɡənəli left<br>ダイアガナリィ レフト |
| 時計回りに(右回りに) | clockwise | klákwàɪz<br>クラックワイズ |
| 左回りに | counterclockwise | kàʊntəklákwaɪz<br>カウンタクラックワイズ |
| 左右 | right and left | raɪt ən(d) left<br>ライト アン レフト |
| 上下 | up and down | ʌp ən(d) daʊn<br>アップ アン ダウン |
| 東 | east | íːst<br>イースト |
| 西 | west | wést<br>ウエスト |
| 南 | south | sáʊθ<br>サウス |
| 北 | north | nɔ́ːθ<br>ノース |

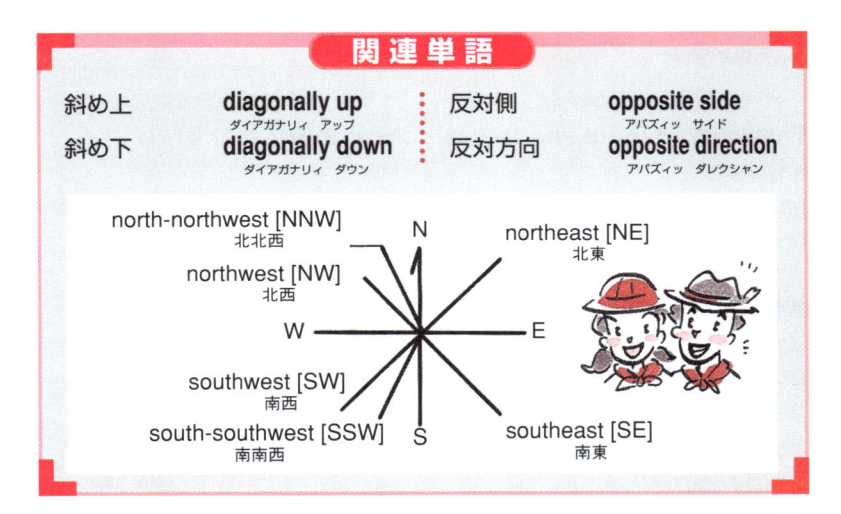

### 関連単語

斜め上　diagonally up　　　反対側　opposite side
　　　　ダイアガナリィ アップ　　　　　　アパズィッ サイド
斜め下　diagonally down　反対方向　opposite direction
　　　　ダイアガナリィ ダウン　　　　　　アパズィッ ダレクシャン

north-northwest [NNW] 北北西
northwest [NW] 北西
W
southwest [SW] 南西
south-southwest [SSW] 南南西
N
S
northeast [NE] 北東
E
southeast [SE] 南東

身近な言葉

## 身近な言葉　順番

| 初め | beginning | bɪgínɪŋ ビギニン |
|---|---|---|
| 最初に | first | fə́ːst ファースト |
| 最後に | last | lǽst ラースト |
| 一番前 | the front | ðə frʌnt ザ フラント |
| 一番後ろ | the last | ðə lǽst ザ ラースト |
| 真ん中 | the middle | ðə mídl ザ ミドル |
| 一番上 | the top most | ðə tɑp moust ザ タップ モウスト |
| 一番下 | the bottom | ðə bɑtəm ザ バタム |
| 一番右 | the far right | ðə fɑə raɪt ザ ファ ライト |
| 一番左 | the far left | ðə fɑə left ザ ファ レフト |

### Column　列と順番の英会話

行列に並ぶという場合は、
**They're forming a line to get a ticket.**
（彼らは切符を買うために並んでいます）
などと言います。

そうやって並んでいるところに、割り込もうとする人がいれば、アメリカではすぐに、
**Don't cut in line !**
（割り込むな！）
という声が上がり、不心得者はつまみ出されるのが普通です。

ゲームなどでの順番については、
**Who's turn is it ?**
（だれの番ですか？）
**It's my turn.**
（私の番です）
などを覚えておくと、すぐに使うことができます。

# Order

| 一番奥 | the deepest | ðə díːpɪst<br>ザ ディーペスト |
|---|---|---|
| 次 | next | nékst<br>ネクスト |
| 上から2番目 | second from the top | sék(ə)nd frəm ðə tɑp<br>セカン フラム ザ タップ |
| 下から4番目 | fourth from the bottom | fɔəθ frəm ðə bɑtəm<br>フォース フラム ザ バタム |
| 右から3番目 | third from the right | θəːd frəm ðə raɪt<br>サード フラム ザ ライト |
| 左から5番目 | fifth from the left | fɪfθ frəm ðə left<br>フィフス フラム ザ レフト |
| 前から2番目 | second from the front | sék(ə)nd frəm ðə frʌnt<br>セカン フラム ザ フラント |
| 後ろから6番目 | sixth from the back | sɪksθ frəm ðə bæk<br>スィクスス フラム ザ バック |
| 順番を守る | observe the order | əbzə́ːv ðɪ ɔ́ːdə<br>アブザーヴ ズィ オーダァ |
| 順番に | in order | in ɔ́ːdə<br>イン オーダァ |

身近な言葉

## 関連単語

| 一番良い | the best | ザ ベスト |
| 一番悪い | the worst | ザ ワースト |
| 順位 | ranking | ランキン |
| 次々と | one after another | ワン アフタァ アナザァ |
| 年の順に | in order of age | イン オーダァ アヴ エイジ |
| 1位 | first place | ファースト プレイス |
| 2位 | second place | セカンド プレイス |
| 順番を無視する | ignore the order | イグノア ズィ オーダァ |
| 優勝 | victory | ヴィクタリィ |
| 最下位 | the tail end | ザ テイル エンド |
| ABC順 | alphabetical order | アルファベティクル オーダァ |

## 身近な言葉　色

| 白 | white | (h)wáɪt <br> ホワイト |
|---|---|---|
| 黒 | black | blǽk <br> ブラック |
| 赤 | red | réd <br> レッド |
| 青 | blue | blúː <br> ブルー |
| 緑 | green | gríːn <br> グリーン |
| ピンク | pink | píŋk <br> ピンク |
| 水色 | light blue | laɪt bluː <br> ライト　ブルー |
| 紫 | purple | pə́ːpl <br> パーポー |
| オレンジ | orange | ɔ́ːrɪndʒ <br> オーリンジ |
| 茶色 | brown | bráun <br> ブラウン |

### Column　微妙な色の表現は

「明るい色」というのは、**bright** を用いて、
**I like bright colors.**
（私は明るい色が好きです）
**Do you like bright red ?**
（あなたは明るい赤が好きですか？）
などと言います。

　反対に、暗い色は **dark green**（暗い緑）ですが、これは「濃い緑」という意味にもなります。ほかに、**deep green** という言い方もあります。

　洋服選びなどのときに、「ほんの少し薄い色」と言いたいときは、
**a lighter shade of yellow**
（ちょっと薄めの黄色）
逆に「ちょっと濃いもの」は、
**A darker shade of blue, please.**
（もう少し濃いブルーをお願いします）という表現を覚えておくと、買い物のときに便利です。

# Colors

| 黄色 | yellow | jélou<br>イエロー |
|---|---|---|
| ベージュ | beige | béɪʒ<br>ベイジュ |
| グレー | gray | gréɪ<br>グレイ |
| 金 | gold | góuld<br>ゴウルド |
| 銀 | silver | sílvə<br>スィルヴァ |
| 明るい | bright | bráɪt<br>ブライト |
| 暗い | dark | dáək<br>ダーク |
| 濃い | deep | díːp<br>ディープ |
| 淡い | light | láɪt<br>ライト |
| 透明な | transparent | trænspǽrənt<br>トランスパラント |

身近な言葉

## 関連単語&文例

| 地味な色 | somber color<br>ソムバ カラァ |
| 派手な色 | showy color<br>ショウイ カラァ |
| 上品な色 | elegant color<br>エレガン カラァ |
| 中間色 | neutral tints<br>ニュートラル ティンツ |
| 暖色 | warm color<br>ウァーム カラァ |
| 寒色 | cold color<br>コウルド カラァ |
| 同系色 | similar color<br>スィミラー カラァ |

**So many men, so many minds.**
（諺）十人十色

| 反対色 | opposing color<br>オポウズィン カラァ |
| セピア色 | sepia<br>セピア |

## 身近な言葉 形・大きさ・質

| 円 | circle | sə́:kl サークル |
|---|---|---|
| 楕円 | oval | óuv(ə)l オウヴァル |
| 三角形 | triangle | trái æŋgl トライアンゴー |
| 球 | globe | glóub グロウブ |
| 大きい | large／big | lάədʒ／bíg ラージ　ビッグ |
| 小さい | small／little | smɔ́:l／lítl スモール　リトゥル |
| 高い | high | hάɪ ハイ |
| 低い | low | lóu ロウ |
| 太い（厚い） | thick | θík スィック |
| 細い（薄い） | thin | θín スィン |

### ミニ知識　いろいろな形

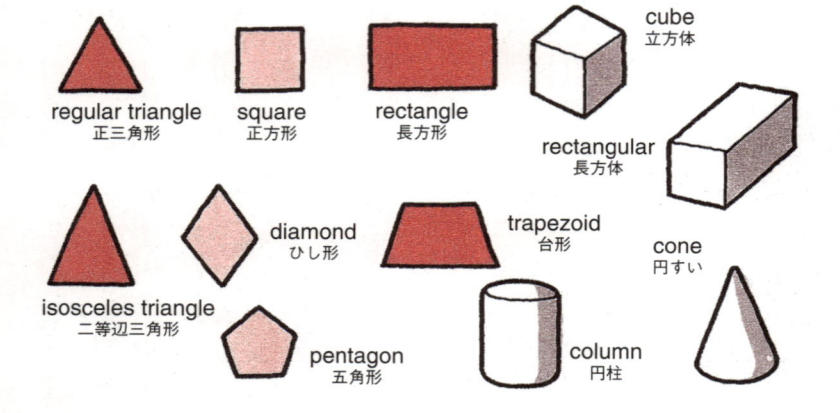

- regular triangle 正三角形
- square 正方形
- rectangle 長方形
- cube 立方体
- rectangular 長方体
- isosceles triangle 二等辺三角形
- diamond ひし形
- trapezoid 台形
- cone 円すい
- pentagon 五角形
- column 円柱

# Shape / Size / Quality

| 柔（軟）らかい | soft | sɔ́ːft<br>ソーフトゥ |
|---|---|---|
| 固い | hard | hάəd<br>ハード |
| 重い | heavy | hévi<br>ヘヴィ |
| 軽い | light | láɪt<br>ライ |
| ツルツルの | smooth | smúːð<br>スムーズ |
| ザラザラの | feel rough | fiːl rʌf<br>フィール ラフ |
| ネバネバの | sticky | stíki<br>スティッキィ |
| 直線 | straight line | streɪt laɪn<br>ストレイト ライン |
| 曲線 | curve | kə́ːv<br>カーヴ |
| 放物線 | parabola | pərǽbələ<br>パラボラ |

身近な言葉

### 関連単語＆文例

| 扇形 | sector セクタァ |
| 六角形 | hexagon ヘクサガン |
| 八角形 | octagon オクタガン |
| ハート形 | heart-shaped ハートシェイプト |
| 円柱 | column コラム |
| 三角すい | triangular pyramid トライアンギュラ ピラミッド |
| 巨大な | huge ヒュージ |
| 極小の | minimum ミニマム |

**What does it look like？**
　それはどんな形をしていますか？

**That's a good size.**
　それはちょうどよい大きさです。

huge
minimum

## 身近な言葉 お金

| 紙幣 | bill | bíl ビル |
|---|---|---|
| 硬貨（コイン） | coin | kɔ́in コイン |
| 1万円札 | ten thousand yen bill | ten θauznd jen bil テン サウズンド イエン ビル |
| 5千円札 | five thousand yen bill | faɪv θauznd jen bil ファイヴ サウズンド イエン ビル |
| 100円硬貨 | hundred yen coin | hʌndrəd jen kɔin ハンドレッド イエン コイン |
| 現金 | cash | kǽʃ キャッシュ |
| 両替 | exchange | ɪkstʃéɪndʒ イクスチェインジ |
| 財布 | wallet | wálɪt ウァリィッ |
| 小銭入れ | coin purse | kɔin pə:s コイン パース |
| 小切手 | check | tʃék チェック |

### Column　お金の貸し借りの表現

　割り勘にして払いましょう、という場合は、
**Shall we split the bill ?**
（勘定を割り勘にしましょうか？）
あるいは、
**Let's split the cost.**
（費用を分担しましょう）
などと言います。
　気前よく相手をおごってあげるというのなら、
**It's my treat.**
（それは私のおごりです）

**Let me buy your coffee for you.**
（コーヒーをおごらせてください）
などと言えばよいのです。
　相手にお金を貸した場合は、
**I lent you ten thousand yen.**
（私はあなたに1万円貸しました）
逆の立場なら、
**I owe you ten thousand yen.**
（私はあなたに1万円借りています）
ということになります。

# Money

|  |  |  |
|---|---|---|
| トラベラーズチェック | traveler's check | træv(ə)ləz tʃek<br>トラヴェラァズ チェック |
| クレジットカード | credit card | kredɪt kaəd<br>クレディッ カード |
| 貸金 | loan | lóun<br>ロウン |
| 借金 | debt | dét<br>デッ |
| 貸す | lend | lénd<br>レンド |
| 借りる | borrow | barou<br>バロウ |
| 投資家 | investor | ɪnvéstə<br>インヴェスタァ |
| 外国為替 | foreign exchange | fɔːrən ɪkstʃeɪndʒ<br>フォーレン イクスチェインジ |
| 上場株 | listed stocks | lɪstɪd staks<br>リスティッド スタックス |
| 国債 | national bond | næʃ(ə)nəl band<br>ナショナル バン |

身近な言葉

### 関連単語&文例

|  |  |  |  |
|---|---|---|---|
| 札入れ | billfold<br>ビルフォールド | 25セント | quarter<br>クォータァ |
| ツケで〜を買う | buy 〜 on credit<br>バイ アン クレディッ | 10セント | dime<br>ダイム |
| 株 | stock<br>スタック | 5セント | nickel<br>ニックル |
| 投資 | investment<br>インヴェストゥメン | 1セント | penny<br>ペニィ |
| 投資信託 | investment trust<br>インヴェストゥメン トラスト | 20ドル紙幣 | twenty dollar bill<br>トゥエンティ ダラー ビル |
| 支払い | payment<br>ペイメン | 100ドル紙幣 | hundred dollar bill<br>ハンドレッド ダラー ビル |
| 領収証(受け取り) | receipt<br>リスィート | ユーロダラー(EU) | Eurodollars<br>ユーロウダラーズ |
| ドル | dollar<br>ダラー | | |

**Would you break this bill ?** このお金をくずしてくれませんか？

## 身近な言葉 国名・地名

| 日本 | Japan | dʒəpǽn ジャパン |
|---|---|---|
| 首都 | capital | kǽpətl キャパトル |
| 府県 | prefecture | príːfektʃə プリーフェクチャア |
| 県庁所在地 | prefectural capital | priːfektʃərəl kǽpətl プリーフェクチャラル キャパトル |
| 関東地方 | Kanto district | kanto dıstrıkt カントー ディストリクト |
| シンガポール | Singapore | sín(g)əpɔ̀ə シンガポォァ |
| タイ | Thailand | táılænd タイラン |
| マレーシア | Malaysia | məléıʒ(i)ə マレイジア |
| 韓国 | Korea | kəríːə コリーア |
| 中国 | China | tʃáınə チャイナ |

### Column 日本の人口は何万人？

　その場所に行ったことがあるかどうかを尋ねる場合は、
**Have you ever been to Europe ?**
（ヨーロッパに行ったことがありますか？）
と言います。答えは、
**Yes, I have.／No, I haven't.**
（はい、あります／いいえ、ありません）
となります。
　行ったことがない、というときは、
**I've never been to Africa.**
（アフリカには行ったことがありません）

という表現が使われます。
　人口については、
**What's the population of France ?**
（フランスの人口は何人ですか？）
と言います。
　日本の人口が
**The population of Japan is about one hundred twenty million.**
（日本の人口は１億２千万人です）
ということは言えるようにしておきましょう。

## Countries / Placenames

| | | |
|---|---|---|
| アメリカ合衆国 | U.S.A. | júː es éɪ<br>ユー エス エイ |
| イギリス | England | íŋglənd<br>イングラン |
| フランス | France | frǽns<br>フランス |
| ドイツ | Germany | dʒə́ːm(ə)ni<br>ジャーマニィ |
| イタリア | Italy | ítəli<br>イタリィ |
| スペイン | Spain | spéɪn<br>スペイン |
| カナダ | Canada | kǽnədə<br>キャナダ |
| オーストラリア | Australia | ɔːstréɪljə<br>オーストレイリア |
| ブラジル | Brazil | brəzíl<br>ブラズィル |
| メキシコ | Mexico | méksɪkòu<br>メクスィコウ |

身近な言葉

### 関連単語&文例

| バンコック | Bangkok<br>バンコック | マドリッド | Madrid<br>マドリッド |
| ソウル | Seoul<br>ソウル | オタワ | Ottawa<br>オタワ |
| 北京 | Beijing<br>ベイジン | キャンベラ | Canberra<br>キャンベラ |
| ワシントン | Washington<br>ワシンタン | ブラジリア | Brasilia<br>ブラズィリア |
| ロンドン | London<br>ランダン | メキシコ・シティ | Mexico City<br>メクスィコ スィティ |
| パリ | Paris<br>パリス | アメリカ合衆国 | the United States of America／US<br>ザ(ズィ) ユナイティッ ステイトアヴ アメリカ ユーエス |
| ローマ | Rome<br>ロウム | | |

**What do they speak in Canada？** カナダでは何語を話しますか？
**Do they understand English there？** そこで英語は通じますか？

# 身近な言葉 からだ

| 頭 | head | héd ヘッド |
|---|---|---|
| 顔 | face | féɪs フェイス |
| 目 | eye | áɪ アイ |
| 鼻 | nose | nóuz ノウズ |
| 口 | mouth | máuθ マウス |
| 耳 | ear | íə イア |
| 首 | neck | nék ネック |
| 肩 | shoulder | ʃóuldə ショウルダァ |
| 胸 | chest | tʃést チェスト |
| おなか | belly | béli ベリィ |

## ミニ知識　顔の部分と手の指の呼び方

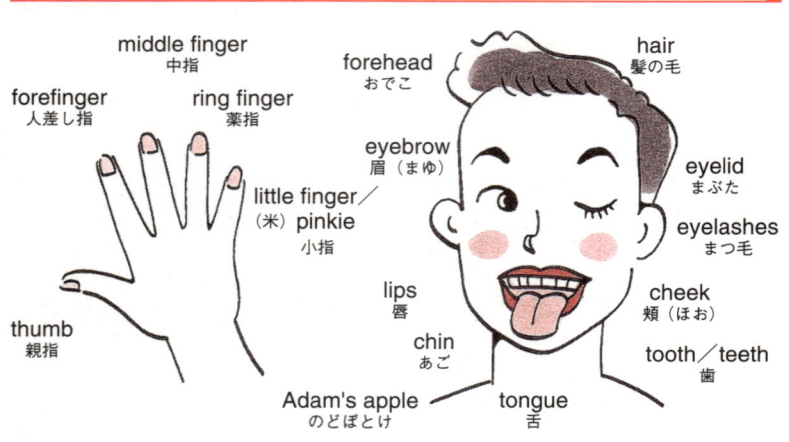

- middle finger 中指
- forefinger 人差し指
- ring finger 薬指
- little finger／(米) pinkie 小指
- thumb 親指
- forehead おでこ
- hair 髪の毛
- eyebrow 眉（まゆ）
- eyelid まぶた
- eyelashes まつ毛
- lips 唇
- cheek 頬（ほお）
- chin あご
- tooth／teeth 歯
- Adam's apple のどぼとけ
- tongue 舌

# Body

| | | |
|---|---|---|
| 腰 | waist | wéist ウエイストゥ |
| おしり | hip | híp ヒップ |
| 脚 | leg | lég レッグ |
| 足 | foot | fút フット |
| 手 | hand | hǽnd ハンド |
| 胃 | stomach | stʌ́mək スタマック |
| 腸 | intestine | ɪntéstɪn インテスティン |
| 心臓 | heart | háət ハート |
| 骨 | bone | bóun ボウン |
| 皮膚 | skin | skín スキン |

身近な言葉

### 関連単語＆文例

| | | | |
|---|---|---|---|
| 脇 | armpit アームピット | つま先 | toe トウ |
| 肘（ひじ） | elbow エルボウ | 太もも | thigh サイ |
| 膝（ひざ） | knee ニー | ふくらはぎ | calf カーフ |
| へそ | belly button ベリィ バタン | 二の腕 | upper arm アッパァ アーム |
| 足首 | ankle アンクル | 土ふまず | the arch of the foot ズィ アーチ アヴ ザ フット |
| 手首 | wrist リスト | 関節 | joint ジョイント |
| かかと | heel ヒール | 血管 | vein ヴェイン |

**I have a stiff shoulder.** 肩がこってしまいました。
**Keiko has a good figure.** ケイコはスタイルがいい。

## 身近な言葉　からだの働き

|  |  |  |
|---|---|---|
| 呼吸をする | breathe | bríːð ブリーズ |
| あくびをする | yawn | jɔ́ːn ヨーン |
| 涙 | tear | tíə ティア |
| 鼻水が出る | have a runny nose | hǽvə rʌ́ni nóuz ヘァヴァ ラニィ ノウズ |
| くしゃみをする | sneeze | sníːz スニーズ |
| せきをする | cough | kɔ́ːf コーフ |
| たん | phlegm | flém フレム |
| つばを吐く | spit | spít スピットゥ |
| まばたきをする | blink | blíŋk ブリンク |
| しゃっくりをする | hiccup | híkʌp ヒカップ |

### ミニ知識　からだの動き、あれこれ

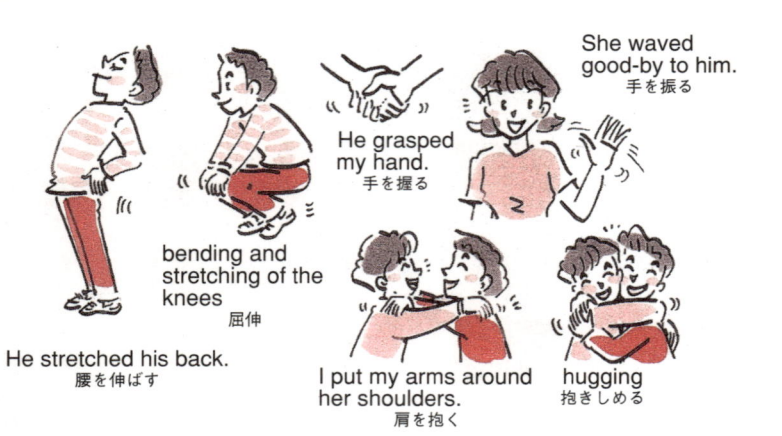

He stretched his back.
腰を伸ばす

bending and stretching of the knees
屈伸

He grasped my hand.
手を握る

She waved good-by to him.
手を振る

I put my arms around her shoulders.
肩を抱く

hugging
抱きしめる

## Workings of the body

| 尿 | urine | júrɪn ユリン |
|---|---|---|
| 便通 | bowel movements | baul muːvmənts バウル ムーヴメンツ |
| おならをする | pass gas | pæs gæs パス ガス |
| 汗 | sweat | swét スゥエッ |
| 生理中です | I'm having my period. | aɪm hævɪŋ maɪ pɪ(ə)riəd アイム ヘァヴィン マイ ピリアド |
| げっぷが出る | belch | béltʃ ベルチ |
| えくぼ | dimple | dímpl ディンポー |
| 汗をかく | perspire | pəspáɪə パァスパイア |
| 吐く | vomit | vámɪt ヴァミッ |
| 出血する | bleed | blíːd ブリード |

身近な言葉

### 関連単語&文例

| いびきをかく | snore スノア |
| 歯ぎしりする | grind one's teeth グラインド ワンズ ティース |
| よだれ | saliva サライヴァ |
| 消化する | digest ダイジェスト |
| 吸収する | absorb アブソーブ |

| 成長する | grow グロウ |
| おならをする | fart ファート |
| 大便をする | shit シット |
| おしっこをする | pee ピー |
| ウィンクする | wink ウインク |
| 新陳代謝 | body metabolism バディ マタボリズム |

Let's breathe deeply.
　深呼吸をしましょう。

Blow your nose now.
　さあ鼻をかみなさい。

## 桑原MEMO

### 誤解を招く日本人のしぐさ

日本流のしぐさが誤解されたり、相手にいやな思いをさせることがあります。気をつけましょう。

✗ 人を指ささない

どこか気分でも悪いのでは？
やたらにしゃがまない

○ 手のひらで指し示せばよい

「私が」と言う場合には、鼻ではなく胸を指差す

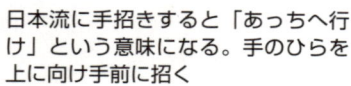

日本流に手招きすると「あっちへ行け」という意味になる。手のひらを上に向け手前に招く

握手のときにお辞儀をしないこと。対等に目を見つめ合って堂々と

# Basics

# 第7章

# 自然の生き物と環境

## *Living things & Environment*

# 生き物 ペット

| 犬 | dog | dɔ́ːg<br>ドッグ |
|---|---|---|
| 猫 | cat | kǽt<br>キャット |
| 鳥 | bird | bə́ːt<br>バード |
| 文鳥 | Java sparrow | dʒaːvə spǽrou<br>ジャヴァ スパロウ |
| いんこ | parakeet | pǽrəkìːt<br>パラキート |
| おうむ | parrot | pǽrət<br>パラット |
| 九官鳥 | hill myna | hɪl maɪnə<br>ヒル マイナ |
| うさぎ | rabbit | rǽbɪt<br>ラビット |
| ハムスター | hamster | hǽmstə<br>ハムスタァ |
| 金魚 | gold fish | gould fɪʃ<br>ゴウルド フィッシュ |

**ミニ知識** 英語で犬に芸をしこもう

Sit!
おすわり！

Down!
伏せ！

Stay!
待て！

Shake!
お手！

I walk my dog on a leash.
鎖につないで散歩する

# Pets

| 熱帯魚 | tropical fish | trɑpɪk(ə)l fɪʃ<br>トロピカル フィッシュ |
|---|---|---|
| かえる | frog | frɔ́ːg<br>フロッグ |
| かめ | tortoise | tɔ́ətəs<br>トータス |
| 世話 | care | kéə<br>ケア |
| しつけ | discipline | dísəplɪn<br>ディサプリン |
| えさ | food | fúːd<br>フード |
| 犬小屋 | doghouse | dɔ́ːghàus<br>ドッグハウス |
| 水槽 | fish tank | fɪʃ tæŋk<br>フィッシュ タンク |
| 鳥かご | bird cage | bəːd keɪdʒ<br>バード ケイジ |
| (犬を)放し飼いにする | leave (a dog) loose | liːv (ə dɔːg) luːs<br>リーヴ (ア ドッグ) ルース |

自然の生き物と環境

### 関連単語&文例

| （海の）かめ | turtle タートル |
| フェレット | ferret ファレッ |
| りす | squirrel スクィラル |
| 盲導犬 | seeing-eye dog スィーイン アイ ドッグ |
| 猟犬 | hunting dog ハンティン ドッグ |

| 番犬 | watchdog ワッチドッグ |
| 牧羊犬 | sheep dog シープ ドッグ |
| 鎖 | chain チェイン |
| 首輪 | collar カラァ |
| オス | male メイル |
| メス | female フィーメイル |
| 子犬 | puppy パピィ |
| 子猫 | kitten キトゥン |

**My dog is obedient.**
　私の犬は、おとなしいです。
**Your cat is very clever.**
　あなたの猫はとてもりこうですね。

# 生き物 動物

| ライオン | lion | láɪən<br>ライアン |
|---|---|---|
| きりん | giraffe | dʒəræf<br>ジラフ |
| 象 | elephant | éləf(ə)nt<br>エレファント |
| しまうま | zebra | zíːbrə<br>ジーブラ |
| チーター | cheetah | tʃíːtə<br>チータァ |
| コアラ | koala | kouáːlə<br>コアーラ |
| カンガルー | kangaroo | kæŋgərúː<br>カンガルー |
| パンダ | panda | pændə<br>パンダ |
| かば | hippopotamus | hìpəpátəməs<br>ヒッパパタマス |
| ろば | donkey | dáŋki<br>ダンキィ |

## Column　日本の十二支

外国人に、生まれた年の干支を教えてあげると、そこからまた話題が広がっていくかもしれません。

- 十二支（**the twelve signs of the Oriental zodiac**）
- 子（ね）　　**the Rat**
- 丑（うし）　**the Ox**
- 寅（とら）　**the Tiger**
- 卯（う）　　**the Hare**
- 辰（たつ）　**the Dragon**
- 巳（み）　　**the Serpent**
- 午（うま）　**the Horse**
- 未（ひつじ）**the Sheep**
- 申（さる）　**the Monkey**
- 酉（とり）　**the Cock**
- 戌（いぬ）　**the Dog**
- 亥（い）　　**the Boar**

自分が何年なのかについては、**I was born in the year of the Dragon.**（私は辰年の生れです）と言います。

# Animals

CD-2 35

|  |  |  |
|---|---|---|
| らくだ | camel | kǽm(ə)l キャメル |
| くま | bear | béə ベア |
| 猿 | monkey | mʌ́ŋki マンキィ |
| たぬき | raccoon dog | rækúːn dɔːg ラクーン ドッグ |
| きつね | fox | fáks フォックス |
| 羊 | sheep | ʃíːp シープ |
| やぎ | goat | góut ゴウト |
| 馬 | horse | hɔ́əs ホース |
| 牛 | cow | káu カウ |
| にしき蛇 | python | páɪθən パイサン |

自然の生き物と環境

### 関連単語&文例

|  |  |  |  |
|---|---|---|---|
| かば | (略称) hippo ヒッポ | 哺乳類 | mammals マンマルズ |
| 雄牛 | bull ブル | 両生類 | amphibian animal アンフィビィアン アニマル |
| 闘牛 | bullfight ブルファイト | 爬(は)虫類 | reptiles レプタイルズ |
| 毒蛇 | viper ヴァイパァ | 肉食動物 | carnivore カーナヴォー |
| 蛇 | snake スネイク | 草食動物 | herbivore ハービヴォー |
| しか | deer ディア | 恐竜 | dinosaur ダイナソー |
| わに | crocodile クロコダイル | 化石 | fossil ファスル |

**I especially like koalas.**　私はとくにコアラが好きです。
**Baby lions are cute.**　ライオンの赤ちゃんはかわいい。

## 生き物 — 水の生き物

|  |  |  |
|---|---|---|
| いるか | dolphin | dálfɪn ダルフィン |
| オットセイ | fur seal | fəːsíːl ファー スィール |
| あしか | sea lion | síːlaɪən スィー ライアン |
| あざらし | seal | síːl スィール |
| ラッコ | sea otter | síːatə スィー アタァ |
| 鯨 | whale | (h)wéɪl ウェイル |
| しろながす鯨 | blue whale | blúː(h)weɪl ブルー ウェイル |
| 象あざらし | elephant seal | eləf(ə)nt síːl エレファント スィール |
| さめ | shark | ʃáək シャーク |
| たこ | octopus | áktəpəs アクタパス |

### Column　カリフォルニアの海洋動物

　日本で野生のラッコにお目にかかることはまずありませんが、カリフォルニアでは、桟橋（**pier**）の近くや港などに浮かんでいる姿を見かけることがあります。

　あざらしなども、あちこちに頭を出したり群をなして自由に泳ぎまわり愛橋をふりまいています。

　なかでも一番人気があるのはいるかです。まるで水先案内をするように船の先に現れたり、横に並んで泳いだりして、私たちを楽しませてくれます。

　10〜3月はホエールウォッチングのシーズンで、そのためのクルーズが毎日のように出ています。もし鯨をその日に見ることができなかったら、後日いつでも見に行ける振り替え券をくれるところもあります。

## Aquatic animals

| | | |
|---|---|---|
| えい | ray | réɪ レイ |
| まんぼう | sunfish | sʌ́nfìʃ サンフィッシュ |
| いか | squid | skwíd スクウィッド |
| くらげ | jellyfish | dʒélifìʃ ジェリーフィッシュ |
| ひとで | starfish | stάəfìʃ スタァフィッシュ |
| さんごしょう | coral reef | kɔːrəl riːf コーラル リーフ |
| こい | carp | kάəp カープ |
| ふな | crucian carp | kruːʃən kaəp クルーシャン カープ |
| なまず | catfish | kǽtfíʃ キャットフィッシュ |
| あゆ | sweetfish | swɪːtfíʃ スウィートフィッシュ |

自然の生き物と環境

### 関連単語&文例

| 海水魚 | seawater fish スィーウォータァ フィッシュ |
| 淡水魚 | freshwater fish フレッシュウォータァ フィッシュ |
| まっこう鯨 | sperm whale スパーム ウェール |
| あみ(鯨の好物) | opossum shrimp オポッサム シュリンプ |
| えら | gills ギルズ |

| 胸びれ | pectoral fin ペクトラル フィン |
| 腹びれ | ventral fin ヴァントラル フィン |
| 背びれ | dorsal fin ドーサル フィン |
| 尾びれ | caudal fin コーダル フィン |
| うろこ | scale スケイル |

Have you ever seen a whale?
鯨を見たことがありますか？

I saw a sea otter in the aquarium.
水族館でラッコを見ました。

# 生き物 鳥・虫

| | | |
|---|---|---|
| すずめ | sparrow | spǽrou スパロウ |
| はと | pigeon | pídʒən ピジャン |
| からす | crow | króu クロウ |
| つばめ | swallow | swálou スワロウ |
| ひばり | lark | láək ラーク |
| 白鳥 | swan | swán スワン |
| かもめ | seagull | síːgʌ̀l スィーガル |
| たか | hawk | hɔ́ːk ホーク |
| わし | eagle | íːgl イーグル |
| ちょう | butterfly | bʌ́təflài バタフライ |

## Column　嫌われものの虫たち

　人間の身近にいる昆虫などでも、はえのように

**The flies are annoying us very much.**
（はえがとてもうるさい）
**I was bitten by a mosquito in the park.**
（私は公園で蚊に刺されました）
**I can't stand the itch.**
（かゆくて我慢できません）
などと嫌われているものがあります。
　また、

**Being bitten by a hornet can be fatal.**
（すずめばちに刺されると、ときとして致命傷になります）
のように恐れられているものもあります。

# Birds / Insects

| | | |
|---|---|---|
| はえ | fly | fláɪ<br>フライ |
| 蚊 | mosquito | məskíːtou<br>マスキートゥ |
| はち | bee | bíː<br>ビー |
| くも | spider | spáɪdə<br>スパイダァ |
| ごきぶり | cockroach | kákròutʃ<br>カックロウチ |
| せみ | cicada | sɪkéɪdə<br>スィケイダ |
| ばった | grasshopper | grǽshàpə<br>グラスハッパァ |
| かぶと虫 | beetle | bíːtl<br>ビートル |
| くわがた虫 | stag beetle | stǽg bɪːtl<br>スタッグ ビートル |
| とんぼ | dragonfly | drǽg(ə)nflàɪ<br>ドラゴンフライ |

自然の生き物と環境

### 関連単語 & 文例

| | | | | |
|---|---|---|---|---|
| うぐいす | bush warbler<br>ブッシュ ワーブラァ | | くちばし | beak<br>ビーク |
| 鶏 | chicken<br>チキン | | 翼 | wing<br>ウィング |
| ひよこ | chick<br>チック | | こうもり | bat<br>バット |
| つる | crane<br>クレイン | | 野鳥 | wild bird<br>ワイルド バード |
| くじゃく | peacock<br>ピーコック | | あげはちょう | swallowtailed butterfly<br>スウォーローテイルド バタフライ |
| | | | てんとう虫 | ladybird<br>レイディバード |
| | | | かたつむり | snail／(仏) escargot<br>スネイル　　　イスカーガウ |
| | | | こおろぎ | cricket<br>クリケット |
| | | | 蛍 | firefly<br>ファイアフライ |

I like to watch wild birds.
　私は野鳥を見るのが好きです。

I used to catch cicadas with a net.
　子どものころ、よく網でせみを捕らえたものです。

195

# 生き物

## 木

| | | |
|---|---|---|
| 植物 | plant | plǽnt<br>プラント |
| 松 | pine tree | paɪn triː<br>パイン トゥリー |
| 梅 | Japanese apricot | dʒæpəniːz æprəkat<br>ジャパニーズ アプリカッ |
| 桜 | cherry tree | tʃeri triː<br>チェリィ トゥリー |
| かえで | maple | méɪpl<br>メイプル |
| いちょう | ginkgo | gíŋkou<br>ギンコウ |
| ポプラ | poplar | páplə<br>パプラァ |
| 杉 | Japanese cedar | dʒæpəniːz siːdə<br>ジャパニーズ スィーダァ |
| つばき | camellia | kəmíːljə<br>カミーリア |
| 紅葉（もみじ） | Japanese maple | dʒæpəniːz meɪpl<br>ジャパニーズ メイプル |

### ミニ知識　樹木の部分の呼び方

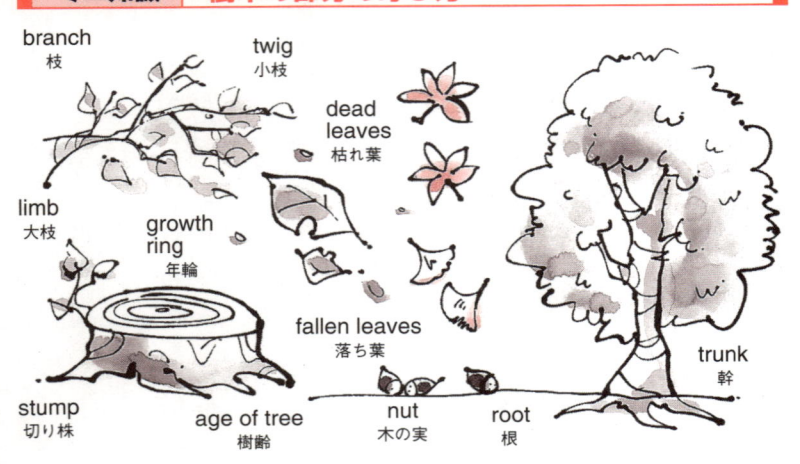

- branch 枝
- twig 小枝
- dead leaves 枯れ葉
- limb 大枝
- growth ring 年輪
- fallen leaves 落ち葉
- stump 切り株
- age of tree 樹齢
- nut 木の実
- root 根
- trunk 幹

# Tree

| | | |
|---|---|---|
| ひのき | Japanese cypress | dʒæpəniːz saɪprəs<br>ジャパニーズ サイプレス |
| くりの木 | chestnut tree | tʃesnʌt triː<br>チェスナット トゥリー |
| 竹 | bamboo | bæmbúː<br>バンブー |
| しらかば | white birch | (h)waɪt bəːtʃ<br>ホワイト バーチ |
| やし | palm | páːm<br>パーム |
| かしの木 | oak | óuk<br>オーク |
| ぎんなん | ginkgo nut | gɪŋkou nʌt<br>ギンコウ ナットゥ |
| どんぐり | acorn | éɪkɔən<br>エイコーン |
| 松かさ | pinecone | páɪnkòun<br>パインコーン |
| 花粉症 | hay fever | heɪ fíːvə<br>ヘイ フィーヴァ |

自然の生き物と環境

### 関連単語＆文例

| | | | | |
|---|---|---|---|---|
| もみの木 | fir tree<br>ファー トゥリィ | | 森林 | forest<br>フォリスト |
| きり | paulownia<br>パウロニア | | 紅葉(こうよう) | tinted autumnal leaves<br>ティンティド オータムヌル リーヴズ |
| さざんか | sasanqua<br>サザンクワ | | 木の芽 | leaf bud<br>リーフ バッド |
| 林 | grove<br>グロウヴ | | 苗木 | nursery tree<br>ナーサリィ トゥリィ |
| 森 | wood<br>ウッド | | | |

**In April, we go to see the cherry blossoms.**
4月には、桜の花見に行きます。

**In autumn, we enjoy tinted autumnal leaves.**
秋には、紅葉狩りを楽しみます。

# 生き物 — 花

|  |  |  |
|---|---|---|
| ばら | rose | róuz ロウズ |
| カーネーション | carnation | kɑːnéɪʃən カーネイシャン |
| コスモス | cosmos | kázməs カズマス |
| チューリップ | tulip | t(j)úːlɪp テューリップ |
| ひまわり | sunflower | sʌ́nflàuɚ サンフラワァ |
| たんぽぽ | dandelion | dǽndəlàɪən ダンデライアン |
| らん | orchid | ɔ́ːkɪd オーキッド |
| ゆり | lily | líli リリィ |
| すずらん | lily of the valley | lɪli (ə)v ðə væli リリィ アヴ ザ ヴァリィ |
| すみれ | violet | vάɪələt バイオレット |

## ミニ知識　花言葉のいろいろ

| 花 の 種 類 | | 花 言 葉 | |
|---|---|---|---|
| あじさい | hydrangea | 移り気な | fickle |
| ゆり | lily | 友愛 | friendship |
| カーネーション | carnation | (黄) 熱愛 | love passionately |
| チューリップ | tulip | 博愛 | philanthropy |
| シクラメン | cyclamen | しっと | jealousy |
| コスモス | cosmos | 純情 | pure heart |
| ばら | rose | (赤) 激しい恋 | passionate love |
| | | (白) 尊敬 | respect |
| | | (黄) 望みなき愛 | hopeless love |
| ひまわり | sunflower | 憧 (あこが) れ | longing |
| アマリリス | amaryllis | おしゃべり | chattering |

# Flowers

|  |  |  |
|---|---|---|
| 水仙 | narcissus | nɑəsísəs / ナーシッサス |
| 菊 | chrysanthemum | krəsǽnθəməm / クレサンセマム |
| ハイビスカス | hibiscus | haibískəs / ハイビスカス |
| かすみ草 | gypsophila | dʒipsáfələ / ジプサフィラ |
| カトレア | cattleya | kǽtliə / キャトリア |
| フリージア | freesia | fríːʒ(i)ə / フリージア |
| 花束 | bouquet | boukéi / ブーケイ |
| 鉢 | flower pot | flauə pat / フラワァ パッ |
| 肥料 | fertilizer | fə́ːtəlàizə / ファーティライザァ |
| 花屋 | flower shop | flauə ʃap / フラワァ シャップ |

自然の生き物と環境

## 関連単語&文例

|  |  |
|---|---|
| サボテン | cactus / カクタス |
| つぼみ | bud / バッド |
| 種 | seed / スィード |
| 造花 | artificial flower / アーティフィシャル フラワァ |
| ドライフラワー | dried flower / ドライド フラワァ |
| ハーブ | herb / ハーブ |
| 芝生 | grass / グラス |
| 樹木の花 | blossom / ブラッサム |
| 花びら | petal / ペタル |
| 雄しべ | stamen / ステイマン |
| 雌しべ | pistil / ピスティル |
| 茎 | stem / ステム |
| 葉 | leaf / リーフ |
| とげ | thorn / ソーン |

**I'm growing herbs in the pot.**
　私は鉢でハーブを育てています。
**When does the flower bloom?**
　その花はいつ咲きますか？

# 環境

| 山 | mountain | máuntn マウンテン |
| --- | --- | --- |
| 川 | river | rívə リヴァ |
| 海 | sea | síː スィー |
| 空 | sky | skáɪ スカイ |
| 大地 | earth | ə́ːθ アース |
| 森 | forest | fɔ́ːrəst フォーレスト |
| 林 | grove | gróuv グロウヴ |
| 谷 | valley | væli ヴァリィ |
| 丘 | hill | híl ヒル |
| 平野 | plain | pléɪn プレイン |

## Column 環境は私たちを「囲む」もの

環境のことは **surroundings** とも言います。この単語の **surround** も、**environment** の **environ** も、ともに「囲む」という意味です。私たちのまわりを囲んでいるものということなのです。

最近では、

**We must give high priority to the protection of the environment.**

(環境保護に力を入れなければならない)

ということが言われています。

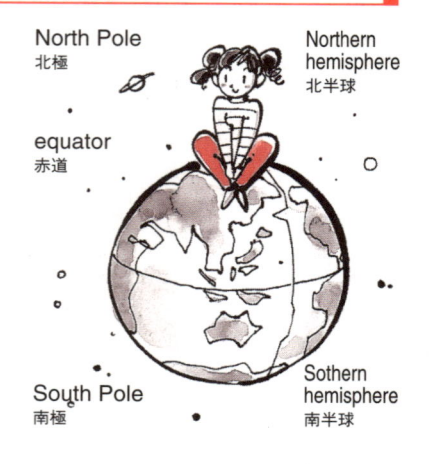

North Pole 北極

Northern hemisphere 北半球

equator 赤道

South Pole 南極

Sothern hemisphere 南半球

# Environment

自然の生き物と環境

| 盆地 | basin | béɪsn<br>ベイスン |
|---|---|---|
| 砂漠 | desert | dézət<br>デザート |
| 草原 | grassland | grǽslænd<br>グラスランド |
| 海岸 | seashore | síːʃɔə<br>スィーショア |
| 湖 | lake | léɪk<br>レイク |
| 沼 | marsh | máəʃ<br>マーシュ |
| 滝 | waterfall | wɔ́ːtəfɔ̀ːl<br>ウォータァフォール |
| 水平線、地平線 | the horizon | ðə həraɪzn<br>ザ ハライズン |
| 温泉 | hot spring | hɑt sprɪŋ<br>ハッ スプリング |
| 雲 | cloud | kláʊd<br>クラウド |

## 関連単語&文例

| | | | | |
|---|---|---|---|---|
| 太平洋 | the Pacific Ocean<br>ザ パスィフィック オーシャン | | 熱帯 | the tropics<br>ザ トロピックス |
| 大西洋 | the Atlantic Ocean<br>ズィ アトランティック オーシャン | | 寒帯 | the Frigid Zones<br>ザ フリジッ ゾーンズ |
| インド洋 | the Indian Ocean<br>ズィ インディアン オーシャン | | 温帯 | the temperate zones<br>ザ テンパラチャ ゾーンズ |
| 北極海 | the Arctic Ocean<br>ズィ アークティック オーシャン | | 夕日 | sunset<br>サンセット |
| 南極海 | the Antarctic Ocean<br>ズィ アンタークティック オーシャン | | 朝日 | sunrise<br>サンライズ |
| 地中海 | the Mediterranean Sea<br>ザ メディタレイニアン スィー | | 泉 | fountain<br>ファウンテン |
| 大洋 | ocean<br>オーシャン | | 池 | pond<br>ポンド |

You have a nice environment here.　ここの環境はすばらしいですね。

I like to watch the setting sun.　私は夕日を眺めるのが好きです。

## 環境　気象

| 晴れ | clear | klíə クリア |
| --- | --- | --- |
| 曇り | cloudy | kláudi クラウディ |
| 雨 | rain | réın レイン |
| 大雨 | heavy rain | hevi reın ヘヴィ レイン |
| あられ | hail | héıl ヘイル |
| みぞれ | sleet | slíːt スリート |
| 雪 | snow | snóu スノウ |
| 風 | wind | wínd ウインド |
| 台風 | typhoon | taıfúːn タイフーン |
| 嵐 | storm | stɔ́ːm ストーム |

### Column　天気に関する英会話

　明日のお天気について尋ねる場合は、
**Do you know the weather forecast for tomorrow?**
（明日の天気予報を知っていますか？）
と言います。
　晴れならば、
**It will be clear tomorrow.**
（明日は晴れです）
ということになります。
　雨が降りそうな空模様ならば、
**I think we'll have rain this afternoon.**
（今日の午後は雨が降ると思います）
と答えてから、
**You should bring your umbrella with you.**
（かさを持っていったほうがいいですよ）
と言ってあげてください。

# Weather

| 熱風 | hot wind | hάt wínd<br>ハッ ウインド |
|---|---|---|
| 竜巻 | tornado | tɔənéidou<br>トオネイドウ |
| 雷 | thunder | θʌ́ndə<br>サンダァ |
| 地震 | earthquake | ə́ːθkwèik<br>アースクエイク |
| 津波 | tsunami | tsunάːmi<br>ツナミ |
| 洪水 | flood | flʌ́d<br>フラッド |
| オーロラ | aurora | ərɔ́ːrə<br>アローラ |
| 気温 | temperature | témp(ə)rətʃùə<br>テンパラチュア |
| 湿度 | humidity | hjuːmídəti<br>ヒューミディティ |
| 虹 | rainbow | réinbòu<br>レインボウ |

自然の生き物と環境

## 関連単語&文例

| 雪崩(なだれ) | avalanche アヴァランチ |
| 噴火 | eruption イラプシャン |
| そよ風 | breeze ブリーズ |
| 降水量 | precipitation プレスィピテイシャン |
| 木枯し | biting winter wind バイティン ウインタァ ウインド |
| 小春日和 | Indian summer インディアン サマァ |
| 降水確率 | probability of precipitation プロバビリティ アヴ プレスィピテイシャン |
| 不快指数 | temperature-humidity index テンパラチァ ヒューミディティ インデクス |
| 異常気象 | unusual weather アニュージャル ウエザァ |
| 突風 | gust ガスト |

**It's hot and humid today.**
今日はむし暑いですね。

**What a crisp morning it is !**
なんてさわやかな朝なんだろう！

## 環境 宇宙

| 太陽 | the sun | ðə sʌn<br>ザ サン |
|---|---|---|
| 水星 | Mercury | mə́ːkjuri<br>マーキュリィ |
| 金星 | Venus | víːnəs<br>ヴィーナス |
| 地球 | the earth | ði əːθ<br>ズィ アース |
| 火星 | Mars | máəz<br>マーズ |
| 木星 | Jupiter | dʒúːpətə<br>ジュービタァ |
| 土星 | Saturn | sǽtən<br>サターン |
| 天王星 | Uranus | júˈ(ə)rənəs<br>ユラナス |
| 海王星 | Neptune | népt(j)uːn<br>ネプチューン |
| 冥王星 | Pluto | plúːtou<br>プルートォ |

### Column 星座の言い方

自分や相手の星座を知っておくと話題作りに役に立ちます。
- 牡羊座（3/21～4/20）**Aries**
- 牡牛座（4/21～5/20）**Taurus**
- 双子座（5/21～6/21）**Gemini**
- かに座（6/22～7/22）**Cancer**
- しし座（7/23～8/23）**Leo**
- 乙女座（8/24～9/23）**Virgo**
- 天秤座（9/24～10/23）**Libra**
- さそり座（10/24～11/22）**Scorpio**
- 射手座（11/23～12/21）**Sagittarius**
- 山羊座（12/22～1/20）**Capricorn**
- 水瓶座（1/21～2/18）**Aquarius**
- 魚座（2/19～3/20）**Pisces**

星座についての会話は、
**What sign are you ?**
（あなたは何座ですか？）
**I'm a Gemini.**（双子座です）
のようになります。

# Universe

| 月 | the moon | ðə muːn<br>ザ ムーン |
|---|---|---|
| 満月 | full moon | ful muːn<br>フル ムーン |
| 三日月 | crescent moon | kresnt muːn<br>クレスント ムーン |
| 天体望遠鏡 | astronomical telescope | æstrənamɪk(ə)l teləskoup<br>アストロナミカル テレスコウブ |
| 星座 | constellation | kànstəléɪʃən<br>カンステレイシャン |
| ロケット | rocket | rákɪt<br>ラキット |
| 人工衛星 | satellite | sǽtəlàɪt<br>サテライト |
| 宇宙飛行士 | astronaut | ǽstrɔnɔ̀ːt<br>アストロノート |
| 大気圏 | the atmosphere | ði ætməsfɪə<br>ズィ アトマスフィア |
| 無重力 | zero gravity | zíːrou grǽvəti<br>ズィロ グラヴィティ |

自然の生き物と環境

## 関連単語＆文例

| | | | |
|---|---|---|---|
| ロケット打ち上げ | launching<br>ローンチン | 引力 | gravitation<br>グラヴァテイシャン |
| 太陽系 | the solar system<br>ザ ソーラァ スィステム | 天の川 | the Milky Way<br>ザ ミルキィ ウエイ |
| 銀河系 | the galactic system<br>ザ ギャラクティック スィステム | 宇宙 | universe<br>ユニヴァース |
| 宇宙船 | spaceship<br>スペースシップ | UFO（未確認飛行物体の略） | |
| オリオン座 | Orion<br>オライオン | UFO＝unidentified flying object<br>ユーエフオウ　アナイデンティファイド フライン オブジェクト | |
| カシオペア座 | Cassiopeia<br>キャスィアピーア | ブラックホール | blackhole<br>ブラックホール |
| プラネタリウム | planetarium<br>プラネタリウム | 流星群 | meteor stream<br>ミーティア ストリーム |

**The moon came up.** 月が出ました。

**It's starry tonight.** 今日は星がたくさん出ていますね。

桑原MEMO

## 動物の鳴き声の違い

　犬や猫が日本と外国で別の鳴き方をしているわけではありませんが、私たちの耳には、違って聞こえてくるようです。そこで、日本語と英語でいろいろな動物の出す声の表現を比べてみましょう。

**犬**
ワンワン
bow-wow [báuwáu]
バウワウ

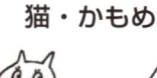

**猫・かもめ**
ニャーニャー
mew mew [mjúː]
ミュー

**豚**
ブーブー
oink oink [ɔiŋk]
オインク

**鶏**
コケコッコー
cock-a-doodle-doo
[kákə dúːdl dúː]
カッカ ドゥードル ドゥー

**ひよこ**
ピーピー
peep peep
[píːp]
ピープ

**あひる**
ガア ガア
quack quack
[kwǽk]
クワック

**からす**
カア カア
caw caw
[kɔ́ː]
コー

**牛**
モー モー
moo moo
[muː]
ムー

**羊**
メエ メエ
baa baa
[bǽː]
バー

**ねずみ**
チューチュー
squeak squeak
[skwíːk]
スクウィーク

**小鳥**
チーチー
chirp chirp
[tʃə́ːp]
チャープ

**Basics**

第**8**章

# 病気と
# トラブル

## *Sickness & Troubles*

# 病気

## 病院

| 総合病院 | general hospital | dʒen(ə)rəl hɑspɪtl<br>ジェネラル　ハスピトゥル |
|---|---|---|
| 内科 | internal medicine | ɪntə:nl medəsn<br>インターナル　メデスン |
| 外科 | surgery | sə́:dʒ(ə)ri<br>サージャリィ |
| 小児科 | pediatrics | pì:diǽtrɪks<br>ピーディアトリクス |
| 産婦人科 | obstetrics and gynecology | əbstetrɪks ən(d) gaɪnɪkɑlədʒi<br>アブステトリクス　アン　ガイニカラジィ |
| 眼科 | ophthalmology | àfθəlmálədʒi<br>アフサルマラジィ |
| 耳鼻咽喉科 | otolaryngology | òutoulæ̀rɪŋgálədʒi<br>オウトウラリンガラジィ |
| 歯科 | dentistry | déntɪstri<br>デンティストリィ |
| 医師 | doctor | dáktə<br>ダクタァ |
| 看護婦 | nurse | nə́:s<br>ナース |

### Column　旅行中に病気になったら

　旅行中に病気になってしまった場合には、もしホテルに滞在しているのならばフロントに電話をして、**Would you send for a doctor?**（お医者さんを呼んでくれませんか？）と言えばよいのです。

　大きなホテルであれば、常駐の医師もいるのですぐに来てくれるはずです。

　運悪く、観光中に気分がよくないというときは、いったんホテルに戻って医者を呼んでもらうか、緊急の場合には、**Call an ambulance, please.**（救急車を呼んでください）と頼みましょう。

# Hospital

| 看護士 | male nurse | meɪl nəːs<br>メイル ナース |
|---|---|---|
| 病状 | condition of a disease | kəndɪʃən (ə)v ə dɪzɪːz<br>カンディシャン アヴァ ディズィーズ |
| カルテ | medical records | medɪk(ə)l rɪkɔːz<br>メディカル リコーズ |
| 注射 | injection | ɪndʒékʃən<br>インジェクシャン |
| 受付 | reception | rɪsépʃən<br>リセプシャン |
| 診察券 | appointment card | əpɔɪntmənt kaəd<br>アポイントメント カード |
| 待合室 | waiting room | weɪtɪŋ ruːm<br>ウエイティン ルーム |
| 診察室 | examining room | ɪgzæmɪnɪŋ ruːm<br>イグザミニン ルーム |
| 手術 | operation | àpəréɪʃən<br>アパレイシャン |
| 救急車 | ambulance | æmbjuləns<br>アンビュランス |

病気とトラブル

## 関連単語＆文例

| 診察所 | clinic クリニック | 点滴 | IV drip アイヴィ ドリップ |
|---|---|---|---|
| 内科医 | physician フィズィシャン | 面会時間 | visiting hours ヴィズィティン アワーズ |
| 外科医 | surgeon サージャン | 見舞い | visit ヴィズィッ |
| 小児科医 | pediatrician ペディアトリシャン | 予防接種 | vaccination ヴァクサネイシャン |
| 歯科医 | dentist デンティスト | 保険証 | health insurance certificate ヘルス インシュランス サティフィキッ |
| 形成外科 | plastic surgery プラスティック サージャリィ | 人間ドック | thorough medical checkup サラ メディカル チェッカップ |
| 泌尿器科 | urology ユロラジィ | | |

**Sally is in the hospital now.** サリーは入院中です。
**He left the hospital last week.** 彼は先週退院しました。

# 病気 / 病気の症状

| 熱 | fever | fíːvə<br>フィーバァ |
|---|---|---|
| 寒け | chill | tʃíl<br>チル |
| 腹痛 | stomachache | stʌ́məkèɪk<br>スタマックエイク |
| 頭痛 | headache | hédèɪk<br>ヘッデイク |
| 歯痛 | toothache | túːθèɪk<br>トゥースエイク |
| 腰痛 | backache | bǽkèɪk<br>バックエイク |
| 生理痛 | menstrual pains | menstruəl peɪnz<br>メンストゥルアル ペインズ |
| 筋肉痛 | muscle pains | mʌsl peɪnz<br>マッスル ペインズ |
| 耳鳴り | ringing in one's ears | rɪŋɪŋ ɪn wʌnz ɪəz<br>リンギン イン ワンズ イアーズ |
| 痛い | painful | péɪnf(ə)l<br>ペインフル |

## Column　病院での英会話

診察のはじめに尋ねられるのは、
**What's wrong with you？**
（どうかしましたか？）
あるいは、
**Are you feeling all right？**
（気分はいかがですか？）
などというようなことです。それに対しては、
**I have a cold.**
（風邪をひきました）
というように答えます。
　症状を説明する場合には

**I have a fever.**
（熱があるんです）
**I have a stomachache.**
（おなかが痛いんです）
のように「**have**＋病気・症状（名詞形）」で表現できるので覚えておくと便利です。

# Symptom

|  |  |  |
|---|---|---|
| だるい | dull | dʌl / ダル |
| 気分が悪い | feel bad | fiːl bæd / フィール バッド |
| 吐きけがする | feel nauseous | fiːl nɔːʃəs / フィール ノーシャス |
| 気を失う | faint | féɪnt / フェイント |
| せきが出る | cough | kɔ́ːf / コーフ |
| めまいがする | feel dizzy | fiːl dɪzi / フィール ディズィー |
| 鼻水が出る | have a runny nose | hævə rʌni nouz / ヘァヴァ ラニィ ノウズ |
| 出血 | bleeding | blíːdɪŋ / ブリーディン |
| 顔が青い | pale | péɪl / ペイル |
| ヒリヒリする | sore | sɔ́ə / ソア |

病気とトラブル

## 関連単語＆文例

|  |  |
|---|---|
| のどが痛い | sore throat (ソア スロート) |
| 食欲 | appetite (アパタイト) |
| 消化不良 | indigestion (インダイジェスシャン) |
| ストレス | stress (ストレス) |
| 神経痛 | neuralgia (ニューラルジャ) |
| 精神病 | mental disease (メンタル ディズィーズ) |
| うつ病 | depression (ディプレッシャン) |
| そう病 | mania (メイニア) |
| かぶれ | rash (ラッシュ) |
| 腫(は)れ | swelling (スウェリン) |
| ズキズキする | throb with pain (スラッブ ウィズ ペイン) |

**The swelling went down.** 腫れがひきました。
**I'm getting better.** だんだんよくなっています。
**I get rid of stress by swimming.** 私は水泳でストレスを解消します。

## 病気　病気とケガの名称

| 風邪 | cold | kóuld<br>コウルド |
|---|---|---|
| 肺炎 | pneumonia | n(j)uːmóunjə<br>ニューモウニア |
| 結核 | tuberculosis | t(j)ubəːkjulóusɪs<br>テューバーキュロウスィス |
| 胃かいよう | stomach ulcer | stʌmək ʌlsə<br>スタマック　アルサァ |
| 心臓病 | heart disease | haət dɪziːz<br>ハート　ディズィーズ |
| 糖尿病 | diabetes | dàɪəbíːtiːz<br>ダイアビーティーズ |
| 盲腸 | appendix | əpéndɪks<br>アペンディクス |
| 脳しんとう | concussion | kənkʌ́ʃən<br>カンカシャン |
| がん | cancer | kǽnsə<br>キャンサァ |
| エイズ | AIDS | éɪdz<br>エイズ |

### Column　医師にも積極的に質問しよう

　必要があればこちらからも医者に
**Do I have to come again ?**
(また来なくてはいけませんか？)
あるいは、
**When should I see you next ?**
(この次はいつ来たらよいでしょうか？)
などと尋ねることです。
　また、特別な事情がある場合は、
**Can I travel next week ?**
(来週旅行に出かけられますか？)
週末に何か予定があるのでというのなら、

**Do you think I'll be fine by this Friday ?**
(今週の金曜日までによくなるでしょうか？)
と聞いてみることです。

# Sickness / Injury

| 食中毒 | food poisoning | fúːd pɔ́ɪznɪŋ　フード　ポイズニン |
| --- | --- | --- |
| 貧血 | anemia | əníːmiə　アニーミア |
| 下痢 | diarrhea | dàɪəríːə　ダイアリーア |
| 便秘 | constipation | kànstəpéɪʃən　カンスタペイシャン |
| やけど | burn | bə́ːn　バーン |
| 骨折 | fracture | frǽktʃə　フラクチュア |
| ねんざ | sprain | spréɪn　スプレイン |
| 打撲 | blow | blóu　ブロウ |
| 切り傷 | cut | kʌ́t　カッ |
| アレルギー | allergy | ǽlədʒi　アラジィー |

病気とトラブル

### 関連単語&文例

| 持病 | chronic disease　クラニック ディズィーズ | 性病 | venereal disease／(略称) VD　ヴァニリアル ディズィーズ　ヴィーディー |
| --- | --- | --- | --- |
| 痔 | hemorrhoids　ヘマロイズ | はしか | measles　ミーズルズ |
| 栄養失調 | malnutrition　マルニュートリシャン | 水ぼうそう | chicken pox　チキン パックス |
| 老人性痴呆症 | senile dementia　スィーナイル ディメンシャ | おたふく風邪 | mumps　マンプス |
| すり傷 | scrape　スクレイプ | 喘息(ぜんそく) | asthma　アズマ |
| 成人病 | adult disease　アダルト ディズィーズ | 流感 | influenza／(略称) flu　インフルエンザ　フルー |
| アトピー | atopic dermatitis　エイタピック ダーマタイティス | | |

**The flu is going around.**　流感がはやっています。
**I'm allergic to fish.**　私は魚にアレルギーです。

# 病気

## 薬

| 飲み薬 | medicine | médəsn メダスン |
|---|---|---|
| 塗り薬 | ointment | ɔ́ɪntmənt オイントゥメン |
| 錠薬 | tablet | tǽblət タブレッ |
| 粉薬 | powdered medicine | páudəd médəsn パウダァド メダスン |
| 風邪薬 | cold medicine | kóuld médəsn コウルド メダスン |
| 胃薬 | medicine for the stomach | médəsn fə ðə stʌ́mək メダスン フォ ザ スタマック |
| 解熱剤 | febrifuge | fébrɪfjùːdʒ フェブリヒュージ |
| 睡眠薬 | sleeping pill | slíːpɪŋ pɪ́l スリーピン ピル |
| ビタミン剤 | vitamins | váɪtəmɪnz ヴァイタミンズ |
| 目薬 | eye drops | áɪ drɑ́ps アイ ドラップス |

### Column 海外での薬のもらい方

日本と違い、薬は病院でもらった処方箋を持って薬局へ行き、購入します。そこで、
**Please fill this prescription.**
(この処方箋の薬をください)
と言います。

薬をもらったら、
**How do I take this medicine？**
(この薬はどうやって飲むのですか？)
と尋ねておいたほうがよいでしょう。

すると、
**Take them after every meal.**
(毎食後飲んでください)
**Take a capsule every eight hours.**
(8時間ごとに、カプセルを1つ飲んでください)
などと教えてくれるはずです。

# Medicine

| 薬局 | pharmacy | fáəməsi ファーマスィー |
|---|---|---|
| 食前 | before meals | bifɔ́ː miːlz ビフォア ミールズ |
| 食間 | between meals | bitwíːn miːlz ビットゥイーン ミールズ |
| 食後 | after meals | ǽftə miːlz アフタァ ミールズ |
| 処方箋（せん） | prescription | priskrípʃən プリスクリプシャン |
| 体温計 | thermometer | θəmámətə サーモマタァ |
| ばんそうこう | adhesive bandage | ædhíːsiv bǽndidʒ アドヒースィヴ バンディージ |
| 包帯 | bandage | bǽndidʒ バンディージ |
| ピル | pill | píl ピル |
| コンドーム | condom | kandəm カンダム |

病気とトラブル

### 関連単語＆文例

| | | | | |
|---|---|---|---|---|
| 鎮痛剤 | painkiller ペインキラァ | | 虫刺され薬 | medicine for insect bite メダスン フォ インセクト バイトゥ |
| 水枕 | ice pillow アイス ピロウ | | 温湿布 | hot compress ハッ カンプレス |
| オブラート | wafer (oblateはドイツ語) ウェイファ | | 冷湿布 | cold compress コールド カンプレス |
| 座薬 | suppository サポザタリィ | | 消毒 | disinfectant ディスインフェクタント |
| うがい薬 | gargle ガーゴー | | 乗り物酔いの薬 | medicine for motion sickness メダスン フォ モーシャン スィックニス |

**This medicine is effective.**
　この薬はよく効きます。

**I'm completely better.**
　すっかりよくなりました。

# トラブル

|  |  |  |
|---|---|---|
| スリ | pickpocket | píkpàkıt ピックパキッ |
| 泥棒 | thief | θíːf スィーフ |
| 痴漢 | molester | məléstə マレスタァ |
| 交通事故 | traffic accident | trǽfık ǽksədnt トラフィック アクサデン |
| 火事 | fire | fáıə ファイア |
| 避難 | shelter | ʃéltə シェルタァ |
| 被害者 | victim | víktım ヴィクティム |
| 加害者 | assailant | əséılənt アセイラン |
| 財布 | wallet | wálıt ワリッ |
| 紛失 | loss | lɔ́ːs ロス |

## Column 簡単には非を認めないアメリカ人

何かあったときに、私たちは簡単に「すみません」と言いますが、外国に行って、"I'm sorry."を連発するのは考えものです。この言葉は問題がある場合には、その責任は全部、自分にあるということになってしまうからです。

エレベーターの中などで、ちょっとからだが触れたくらいで、**Excuse me.**(すみません)という彼らも、自分の責任問題となると、めったなことでは **I'm sorry.**(申しわけありません)などと言って自分の非を認めるということはありません。

# Trouble

| | | |
|---|---|---|
| 犯人 | criminal | krímənl<br>クリマナル |
| 現金 | cash | kǽʃ<br>キャッシュ |
| 盗難 | robbery | rάb(ə)ri<br>ラバリィ |
| ひったくり | mugger | mʌ́gə<br>マガァ |
| 恐喝 | threat | θrét<br>スレッ |
| だまされる | be tricked | bi trıkt<br>ビー トリックトゥ |
| 逃げる | run away | rʌn əwei<br>ラナウァイ |
| 詐欺（さぎ） | fraud | frɔ́ːd<br>フロード |
| 万引き | shoplifting | ʃάpliftiŋ<br>シャップリフティン |
| 迷子になる | be lost | bi lɔ́ːst<br>ビー ロースト |

病気とトラブル

### 関連単語＆文例

| | | | | |
|---|---|---|---|---|
| ストーカー | **stalker**<br>ストーカァ | | 指紋 | **fingerprint**<br>フィンガープリント |
| 変質者 | **pervert**<br>パヴァート | | 過失 | **negligence**<br>ネグリジァンス |
| 誘拐 | **kidnapping**<br>キッドナッピン | | 傷害 | **injury**<br>インジャリィ |
| 人質 | **hostage**<br>ハスティジ | | 放火 | **arson**<br>アースン |
| 身代金 | **ransom**<br>ランサム | | 逮捕 | **arrest**<br>アレスト |

**This is a safe place.** このあたりの治安はいいです。
**I found my wallet.** 財布は見つかりました。
**Call the police！** 警察を呼んでください！
**Help me！** 助けて！

## さくいん

本書に収められた基本単語や関連単語を五十音順に並べてあります。

## あ

- ああ！ ……………… 34
- アーチェリー …… 123
- アイスクリーム … 75
- アイロン ……………… 99
- アイロン台 ………… 99
- アイロンをかける … 40
- 和える ……………… 67
- 青 ……………………… 174
- 青信号 ……………… 103
- 青野菜 ……………… 69
- 赤 ……………………… 174
- 赤しまメノウ …… 53
- 赤信号 ……………… 103
- 赤ちゃん ………… 22
- アカデミー賞 …… 129
- 明るい ……………… 175
- （トイレ）空き … 111
- 秋 ……………………… 166
- 悪 ……………………… 157
- アクアマリン …… 53
- アクセル …………… 104
- あくびをする …… 184
- あげはちょう……… 195
- 揚げる ……………… 66
- 憧（あこが）れる …… 27
- 浅い皿 ……………… 87
- あさって …………… 165
- 朝日 ………………… 201
- あざらし …………… 192
- あざ笑う …………… 27
- 脚 ……………………… 183
- 足 ……………………… 183
- 味 ……………………… 62
- あしか ……………… 192
- 味が薄い …………… 63
- 味が濃い …………… 63
- 足首 ………………… 183
- 明日 ………………… 164
- 味をつける ……… 67
- 小豆（あずき） …… 74
- 預ける ……………… 118
- アスパラガス …… 69
- 汗 ……………………… 185
- 焦る ………………… 26
- 汗をかく …………… 185
- 遊ぶ ………………… 135
- 頭 ……………………… 182
- 頭金 ………………… 88
- 頭のよい人 ……… 23
- 厚切りにする …… 67
- アップルパイ …… 77
- あて先 ……………… 119
- 後払い ……………… 107
- アトピー …………… 213
- アナウンサー …… 160
- あなた ……………… 18
- あなた（夫妻，恋人間）
   ……………………………… 21
- あなた方 …………… 18
- アニメ ……………… 128
- あの男の人 ……… 19
- あの女の人
   （尊敬をもって）… 18
- アパート ……… 90・91
- アパート探し …… 88
- あひる ……………… 71
- 油 ……………………… 75
- 脂っぽい …………… 63
- あぶる ……………… 66
- アボカド …………… 77
- 甘い ………………… 62
- 甘辛い ……………… 62
- 甘ずっぱい ……… 62
- 天の川 ……………… 205
- あみ（鯨の好物）… 193
- 編み物 ……………… 135
- 編む ………………… 41
- あめ ………………… 77
- 雨 ……………………… 202
- アメジスト ……… 53
- アメリカ合衆国 … 181
- あゆ ………………… 193
- 嵐 ……………………… 202
- あられ ……………… 202
- ありがとう ……… 17
- 歩く ………………… 113
- アルバム …………… 133
- アレキサンドライト …53
- あれっ！ …………… 34
- アレルギー ……… 213
- アロマセラピー … 135
- 淡い ………………… 175
- 泡立て器 …………… 87
- あわび ……………… 73
- 安心する …………… 29
- アンティークショップ 115
- 案内所 ……………… 109
- 安楽いす …………… 95

## い

- 胃 ……………………… 183
- いいですよ ……… 31
- Eメール …………… 147
- 委員長 ……………… 151
- いいんですよ …… 16
- 家探し ……………… 88
- いか ………………… 72・193
- 胃かいよう ……… 212
- 医学 ………………… 143
- イギリス …………… 181
- 生きる ……………… 45
- 胃薬 ………………… 214
- いくつですか？ … 30
- いくら？ …………… 115
- いくらですか？ … 30
- 池 ……………………… 201
- 生け花 ……………… 134
- 囲碁 ………………… 134
- 居酒屋 ……………… 82
- 医師 ………………… 208
- 意地が悪い ……… 24
- 遺失物取扱所 …… 109
- いじめ ……………… 141
- 医者（医師）……… 148
- 異常気象 ………… 203
- いす ………………… 94
- 泉 ……………… 113・201
- イスラム教 ……… 46
- イスラム教徒 …… 47
- いずれにせよ …… 35
- 急ぐ ………………… 26
- 痛い ………………… 210

# index

| | | | |
|---|---|---|---|
| いたずら電話 ……… 33 | 異動 …………… 153 | | 訴える …………… 157 |
| 炒める ……………… 66 | いとこ …………… 21 | **う** | うつ病 ………… 211 |
| イタリア ………… 181 | 犬 ………………… 188 | ウイスキー ……… 79 | 腕時計 …………… 53 |
| イタリア料理店 … 82 | 犬小屋 …………… 189 | ウィンクする …… 185 | うに ……………… 73 |
| 1位 ……………… 173 | 祈る ……………… 47 | ウィンナーソーセージ | 乳母車 …………… 55 |
| 1月 ……………… 166 | 違反 ……………… 105 | ……………………… 71 | 馬 ………………… 191 |
| いちご …………… 76 | いびきをかく …… 185 | ウーロン茶 ……… 79 | 海 ………………… 200 |
| 1時間目 ………… 140 | 居間 ……………… 92 | ウェイター ……… 85 | 梅 ………………… 196 |
| 一日中 …………… 165 | 今 ………………… 165 | ウェイトレス …… 85 | 裏ごしする ……… 67 |
| 一年中 …………… 167 | 違約金 …………… 89 | 上から2番目 …… 173 | 裏通り …………… 112 |
| 市場 ……………… 115 | イヤリング ……… 52 | ウエスト ………… 56 | 売り場 …………… 114 |
| 一番上 …………… 172 | いらいらする …… 27 | ウェディングドレス … 43 | 売る ……………… 115 |
| 一番後ろ ………… 172 | いりません ……… 115 | ウォーキング …… 122 | うるさい ………… 25 |
| 一番奥 …………… 173 | 衣料品店 ………… 114 | ウォーターベッド … 95 | うれしい ………… 24 |
| 一番下 …………… 172 | いるか …………… 192 | うがい薬 ………… 215 | うろこ …………… 193 |
| 一番左 …………… 172 | 色鉛筆 …………… 144 | うぐいす ………… 195 | 運賃 ……………… 106 |
| 一番前 …………… 172 | 〜祝い …………… 44 | (コーヒーなどの) 受け皿 | 運転手 …… 107・149 |
| 一番右 …………… 172 | 祝う ……………… 45 | ……………………… 87 | 運転席 …………… 107 |
| 一番良い ………… 173 | いわし …………… 72 | 受付 ……………… 209 | 運転免許証 ……… 102 |
| 一番悪い ………… 173 | いんげん豆 ……… 74 | うさぎ …………… 188 | 運動会 …………… 141 |
| 1枚の …………… 169 | いんこ …………… 188 | 牛 ………………… 191 | 運動靴 …………… 51 |
| 1万円札 ………… 178 | 印刷物在中 ……… 119 | 後ろ ……………… 170 | 運動室 …………… 93 |
| いちょう ………… 196 | インスタント食品 … 61 | 後ろから6番目 … 173 | 運動する ………… 123 |
| 一戸建て ……… 90・91 | 印税 ……………… 131 | 薄切りにする …… 67 | |
| 1個の …………… 169 | インターチェンジ … 102 | ウスターソース … 81 | **え** |
| 1週間 …………… 165 | インターネット … 147 | うずら …………… 71 | エアコン ………… 98 |
| 1セント ………… 179 | インタビュー …… 161 | 右折する ………… 103 | エアメール ……… 119 |
| 1足の (1対の) … 169 | インチ (約2.5cm) … 169 | 歌 ………………… 126 | えい ……………… 193 |
| 行ってきます …… 17 | 院長 ……………… 151 | 歌う ……………… 127 | 映画館 …………… 128 |
| 1トンの ………… 169 | インド洋 ………… 201 | 疑う ……………… 27 | 映画ファン ……… 129 |
| 1杯の …………… 169 | インフレ ………… 159 | 宇宙 ……………… 205 | 営業時間 ………… 119 |
| 一品料理 ………… 84 | 飲料 ……………… 79 | 宇宙科学 ………… 143 | エイズ …………… 212 |
| いつも …………… 165 | 引力 ……………… 205 | 宇宙船 …………… 205 | ABC順 ………… 173 |
| 糸 ………………… 41 | | 宇宙飛行士 ……… 205 | 栄養 ……………… 61 |

# さくいん

栄養がある ……… 61
栄養失調 ………213
ええ!?（驚き）……… 34
エーカー ……… 89
えーと ……… 34
駅 ……… 108
駅員 ………109
駅長 ………109
えくぼ ………185
エコノミークラス … 110
えさ ………189
SF（空想科学小説）
 ……… 131
エステティックサロン
 ……… 59
エッセイ ………131
絵の具 ………133
絵はがき ………119
（大きな）えび ……… 72
絵ふで ………133
エメラルド ……… 53
えら ………193
襟（えり） ……… 56
絵を描く ………133
円 ………176
演技をする ………129
園芸 ………134
エンジニア（技師）
 ……… 148
演出家 ………129
演奏家 ………127
演奏する ………127
遠足 ………140
円高 ………159
円柱 ………177

えんどう豆 ……… 69
煙突 ……… 91
縁日 ……… 47
鉛筆 ……… 144
鉛筆削り ………145

## お

おいしい ……… 62
扇形 ………177
応接間 ……… 92・93
横断歩道 ………112
往復 ……… 121
往復切符 ………109
おうむ ………188
大雨 ………202
大きい ………176
オーケストラ ……… 126
大皿 ……… 87
オーストラリア ……… 181
大通り ………112
オートバイ ………102
オートレース………135
オーブン ……… 87
オーロラ ………203
丘 ………200
お母ちゃん………… 21
お菓子屋 ……… 83
おかず ……… 61
おかゆ ……… 64
おから ……… 75
お聞きしても
 いいですか? …… 30
置き時計 ……… 97
置物 ……… 97
雄牛 ………191

起きる ……… 38
オクターブ ……… 127
お元気でしたか? … 16
怒る ……… 26
伯父（おじ）……… 21
おじいちゃん ……… 21
押し入れ ……… 93
教える ………139
おしっこをする ……… 185
雄しべ ………199
おしゃぶり ……… 54
おしゃれをする …… 59
おしり ………183
オス ………189
オセロ ………135
おせんべ ……… 77
おそらく ……… 35
恐ろしい ……… 24
おたふく風邪 ………213
穏やかな ……… 29
オタワ ………181
夫 ……… 20
オットセイ………192
おつまみ ……… 61
おつり ………115
お父ちゃん………… 21
男らしい ……… 19
落とし卵 ………65
お年寄り ……… 22
おととい ………165
大人 ……… 22
おとなしい ……… 24
おとなしさ ……… 25
驚く ……… 27
おなか ………182

おなかがすいた …… 61
おなかがすいて死にそう
 ……… 61
おならをする ………185
おにごっこをする … 55
お願いします………31
おねしょ ……… 55
伯母（おば）……… 21
おばあちゃん ……… 21
オパール ……… 53
おはよう ……… 16
尾びれ ………193
オフィス街 ………113
オブラート ………215
オペラ ………129
お待ちください ……… 32
おまる ……… 54
お見合い ……… 43
おみやげ ………121
おむつ ……… 54・55
オムレツ ……… 65
重い ………177
おもちゃ ……… 55
おやすみなさい …… 16
折らないで ………119
オリーブ油………… 75
オリオン座 ………205
折り紙 ………135
折りたたみ式ベッド…95
降りる ………107
オリンピック………123
オルゴール………97
オレンジ ……… 76・174
オレンジジュース …… 78
おろし金 ……… 87

| | | | |
|---|---|---|---|
| 音楽家 ……… 127 | 階段 ………… 91 | 家計簿をつける…… 41 | 課長代理 ……… 150 |
| 温湿布 ………215 | 懐中電灯 ……… 125 | 掛け時計 ……… 97 | 課長補佐 ……… 151 |
| 温泉 ……… 201 | 会長 ………… 151 | 掛け布団 ……… 95 | かつお ……… 73 |
| 温帯 ………201 | 回転いす ……… 95 | 過去 ……… 165 | かつお節 ……… 73 |
| 女家主 ……… 89 | ガイド ……… 107 | かさ立て ……… 97 | がっかりする …… 27 |
| 音符 ……… 127 | 街灯 ……… 112 | 飾る ……… 97 | 学期（2学期制）… 141 |
| おんぶする ……… 41 | 解凍する ……… 67 | 火事 ……… 216 | 学期（3学期制）… 141 |
| | ガイドブック …… 121 | カシオペア座 …… 205 | 滑走路 ……… 111 |
| **か** | 買う ……… 115 | 貸金 ……… 179 | カッター ……… 144 |
| 蚊 ……… 195 | 替え芯 ……… 145 | 過失 ……… 217 | 合併 ……… 159 |
| カーディガン …… 49 | かえで ……… 196 | 加湿器 ……… 99 | 家庭科 ……… 143 |
| カーテン ……… 96 | かえる ……… 189 | 果実酒 ……… 79 | 家庭裁判所 …… 156 |
| カーテン（厚地）… 97 | 顔 ……… 182 | かしの木 ………197 | カトレア ……… 199 |
| カーテン（薄地）… 97 | 顔が青い ……… 211 | カシミア ……… 49 | 悲しい ……… 24 |
| ガードル ……… 50 | 顔を洗う ……… 38 | 歌手 ……… 127 | カナダ ……… 181 |
| カーネーション … 198 | 画家 ……… 132・149 | 貸す ……… 179 | かに ……… 72 |
| ガーネット ……… 53 | 加害者 ……… 216 | ガスファンヒーター … 99 | 彼女 ……… 18 |
| 貝 ……… 72 | 化学 ……… 142 | かすみ草 ……… 199 | かば ……… 190・191 |
| 海王星 ……… 204 | 科学 ……… 142 | 風 ……… 202 | 画びょう ……… 145 |
| 海外ニュース …… 161 | かかと ……… 183 | 風邪 ……… 212 | 花びん ……… 96 |
| 海外旅行 ……… 120 | 鏡 ……… 94 | 火星 ……… 204 | かぶ ……… 69 |
| 海岸 ……… 201 | 係長 ……… 150 | 化石 ……… 191 | 株 …… 158・159・179 |
| 快気（祝い）…… 44 | かき（柿）……… 77 | 風邪薬 ……… 214 | 株式市場 ……… 158 |
| 会計 ……… 85・117 | 鍵（かぎ）……… 91 | 河川 ……… 112 | 株式相場 ……… 158 |
| 会計士 ……… 148 | 書く ……… 131 | 家族 ……… 20 | かぶと虫 ……… 195 |
| 外国為替 ……… 179 | 家具 ……… 94 | 家族室 ……… 93 | 株主 ……… 158 |
| 外国人 ……… 23 | 学生 ……… 139 | ガソリン …… 102・103 | かぶれ ……… 211 |
| 外国文学 ……… 130 | 家具付き ……… 88 | ガソリンスタンド … 102 | 花粉症 ……… 197 |
| 改札口 ……… 109 | カクテル ……… 79 | 肩 ……… 56・182 | 壁 ……… 91 |
| 会社員 ……… 148 | 家具なし ……… 88 | 固い ……… 177 | 壁掛け ……… 97 |
| （彼女は） | 学費 ……… 141 | かたつむり ……… 195 | 壁紙 ……… 96 |
| 　外出中です …… 32 | 楽譜 ……… 127 | 片道 ……… 121 | 過保護 ……… 41 |
| 外食 ……… 60 | 額縁 ……… 132 | 片道切符 ……… 109 | かぼちゃ ……… 69 |
| 海水魚 ……… 193 | 格安チケット …… 121 | 課長 ……… 150 | 我慢する ……… 27 |
| 海水浴 ……… 124 | かくれんぼをする … 55 | がちょう ……… 71 | 神 ……… 46 |

221

## さくいん

| | | | |
|---|---|---|---|
| 紙おむつ …… 54 | カンガルー …… 190 | 気温 …… 203 | 客 …… 114 |
| 雷 …… 203 | 換気扇 …… 99 | 着替え …… 120 | 客室 …… 116 |
| 髪を切る …… 59 | 関係者 …… 151 | 着替える …… 38 | 客室乗務員 …… 111 |
| 髪を染める …… 59 | 観劇 …… 129 | 菊 …… 199 | 客席(座席) …… 128 |
| 髪をとかす …… 38 | 感激する …… 28 | 喜劇 …… 128 | 脚本家 …… 129 |
| ガム …… 77 | 観光 …… 120 | 既婚 …… 121 | キャスター …… 161 |
| かめ …… 189 | 観光案内所 …… 121 | 刻む …… 66 | キャッシュカード …… 118 |
| (海の)かめ …… 189 | 観光バス …… 106 | 記事 …… 161 | キャベツ …… 68 |
| カメラ …… 132 | 韓国 …… 180 | 記者 …… 160 | キャミソール …… 51 |
| かもめ …… 194 | 看護士 …… 209 | 記者会見 …… 161 | キャンバス …… 132 |
| 画用紙 …… 133 | 看護婦 …… 208 | 偽証 …… 157 | キャンピングカー …… 125 |
| 火曜日 …… 164 | 看護婦(看護士) …… 148 | 既製品の …… 49 | キャンプ …… 124 |
| 辛い …… 62 | 監査役 …… 151 | 季節 …… 167 | キャンプ場 …… 124 |
| カラオケ …… 127 | 感謝 …… 29 | 起訴 …… 156 | キャンプファイヤー …… 125 |
| ガラガラ …… 55 | 感謝する …… 28 | 北 …… 171 | キャンベラ …… 181 |
| からす …… 194 | 勘定書 …… 85 | 期待する …… 28 | 球 …… 176 |
| ガラス細工 …… 97 | 間食 …… 60 | 帰宅する …… 39 | 九官鳥 …… 188 |
| 借りる …… 179 | 寒色 …… 175 | 汚い …… 25 | 救急車 …… 209 |
| 軽い …… 177 | 感じる …… 27 | 貴重品 …… 117 | 急行 …… 108 |
| カルテ …… 209 | 関節 …… 183 | 貴重品預かり …… 117 | 吸収する …… 185 |
| 彼 …… 18 | 観戦する …… 123 | 喫茶店 …… 82 | 急須 …… 86 |
| かれい …… 73 | 乾燥機 …… 99 | 切手 …… 119 | 牛肉 …… 70 |
| ガレージ …… 91 | 寒帯 …… 201 | 切手収集 …… 135 | 牛乳 …… 74 |
| カレーライス …… 64 | 感動する …… 28 | きつね …… 191 | きゅうり …… 68 |
| 彼ら(彼女たち) …… 18 | 関東地方 …… 180 | 切符売り場 …… 109 | 給料 …… 152 |
| カレンダー …… 167 | 監督 …… 129 | 切符自動販売機 …… 109 | 今日 …… 164 |
| 川 …… 200 | 館内電話 …… 117 | 機内食 …… 111 | 教会 …… 46・113 |
| 革靴 …… 51 | 漢文 …… 143 | 絹 …… 49 | 恐喝 …… 217 |
| 為替相場 …… 159 | 観葉植物 …… 96 | 昨日 …… 164 | 供給 …… 155 |
| 為替レート …… 159 | 還暦(の祝い) …… 44 | きのこ …… 69 | 教授 …… 139 |
| 皮むき器 …… 87 | | 木の芽 …… 197 | 兄弟 …… 20 |
| 巻 …… 131 | **き** | 気分がいい …… 24 | 鏡台 …… 95 |
| がん …… 212 | | 気分が悪い …… 24・211 | 競艇 …… 135 |
| 眼科 …… 208 | 黄色 …… 175 | 期末試験 …… 140 | 胸部 …… 56 |
| 考える …… 27 | 議員 …… 155 | 義務教育 …… 139 | 胸部(女性の) …… 56 |
| | キウイ …… 77 | | |

| | | | | |
|---|---|---|---|---|
| 恐竜 …………… 191 | | くらげ …………… 193 | 競馬 …………… 135 |
| 曲 ……………… 126 | **く** | クラシック ……… 126 | 軽蔑 …………… 29 |
| 曲線 …………… 177 | | グラス …………… 86 | 軽蔑する ……… 29 |
| 巨大な ………… 177 | 空気清浄器 ……… 99 | グラム …………168 | 刑務所 ………… 156 |
| 嫌い …………… 28 | 空室 …………… 116 | グリーン家の人々 … 21 | 契約 …………… 155 |
| きり …………… 197 | 9月 …………… 167 | グリーン車 ……… 108 | 契約が切れる … 89 |
| 切り傷 ………… 213 | 茎 ……………… 199 | グリーンピース …… 74 | 経理 …………… 153 |
| キリスト教 …… 46 | 鎖 ……………… 189 | クリスマス ………… 47 | 競輪 …………… 135 |
| キリスト教徒 …… 47 | くじゃく ……… 195 | クリップ ………… 145 | ケーキ ………… 77 |
| 義理の父 ……… 21 | くしゃみをする …… 184 | くりの木 ………… 197 | ケーキ屋 ……… 83 |
| 義理の母 ……… 21 | 鯨 ……………… 192 | グルタミン酸ソーダ | 外科 …………… 208 |
| きりん ………… 190 | くすくす笑う …… 27 | （化学調味料）… 81 | 外科医 ………… 209 |
| 着る …………… 49 | （お金を)くずす …… 119 | 車の整備 ……… 103 | 劇場 …………… 128 |
| 切る …………… 66 | 口 ……………… 182 | グレー ………… 175 | 下戸（げこ）… 79 |
| キログラム …… 168 | くちばし ……… 195 | クレジットカード | 消しゴム ……… 144 |
| キロメートル …… 168 | 口紅 …………… 58 | …………115・179 | 下宿 …………… 91 |
| 気を失う ……… 211 | 靴 ……………… 51 | 黒 ……………… 174 | 化粧 …………… 58 |
| 気をつけて …… 17 | クッキー ……… 77 | 黒字 …………… 159 | 化粧下地 ……… 59 |
| 金 ……………… 175 | 靴下 …………… 51 | くわい ………… 69 | 化粧水 ………… 59 |
| 銀 ……………… 175 | クッション ……… 96 | くわがた虫 …… 195 | 化粧石けん …… 59 |
| 均一料金 ……… 106 | 靴ずみ ………… 51 | くんせいにする …… 67 | 化粧品 ………… 58 |
| 禁煙席 ………… 111 | 靴底 …………… 51 | | 化粧品売り場 … 59 |
| 金額 …………… 119 | 靴の中敷き …… 51 | **け** | 化粧をする……… 38 |
| 銀河系 ………… 205 | 靴ひも ………… 51 | | ケチャップ …… 80 |
| 緊急電話番号 …… 33 | 靴べら ………… 51 | 景気 …………… 155 | 結核 …………… 212 |
| 金魚 …………… 188 | 靴磨き ………… 51 | 景気回復 ……… 159 | 血管 …………… 183 |
| 銀行員 ………… 149 | 靴屋 …………… 51 | 蛍光灯 ………… 99 | 結婚記念日 …… 45 |
| 金婚式 ………… 45 | 首 ……………… 182 | 蛍光マーカー …… 145 | 結婚式 ………… 42 |
| 銀婚式 ………… 45 | 首輪 …………… 189 | 経済援助 ……… 155 | 結婚指輪 ……… 42 |
| 金星 …………… 204 | くま …………… 191 | 経済学 ………… 143 | 決勝 …………… 123 |
| ぎんなん …… 69・197 | くも …………… 195 | 警察官 ………… 148 | 月長石 ………… 53 |
| 筋肉痛 ………… 210 | 雲 ……………… 201 | 計算 …………… 85 | げっぷが出る …… 185 |
| 勤勉な ………… 19 | 曇り …………… 202 | 刑事事件 ……… 157 | 月曜日 ………… 164 |
| 金曜日 ………… 164 | くやしい ……… 25 | 刑事訴訟 ……… 156 | 解熱剤 ………… 214 |
| | 暗い …………… 175 | 形成外科 ……… 209 | 下痢 …………… 213 |
| | クラクション……… 104 | 携帯電話 ……… 33 | |

## さくいん

|  |  |
|---|---|
| 嫌悪 | 29 |
| 玄関 | 90 |
| 元気ですか？ | 16 |
| 現金 | 178・217 |
| 原告 | 156 |
| 現在 | 165 |
| 検事 | 149 |
| 現像 | 133 |
| 現代文学 | 130 |
| 建築士 | 149 |
| 県庁所在地 | 180 |
| 減点 | 105 |
| 憲法 | 154 |

### こ

|  |  |
|---|---|
| コアラ | 190 |
| 濃い | 175 |
| こい | 193 |
| 子犬 | 189 |
| 恋人 | 23・42 |
| 公園 | 113 |
| 校歌 | 139 |
| 硬貨（コイン） | 178 |
| 後悔 | 25 |
| 工学 | 143 |
| 合格 | 139 |
| 合格（祝い） | 44 |
| 高学年 | 139 |
| 広角レンズ | 133 |
| 航空券 | 110 |
| 航空券の再確認 | 111 |
| 考古学 | 142 |
| 口座 | 118 |
| 交差点 | 112・113 |
| 子牛の肉 | 70 |
| 公衆電話 | 32 |
| 交渉 | 155 |
| 工場 | 153 |
| 更新 | 89 |
| 洪水 | 203 |
| 降水確率 | 203 |
| 降水量 | 203 |
| 高速道路 | 102 |
| 紅茶 | 78 |
| 校長室 | 139 |
| 交通安全 | 105 |
| 交通事故 | 216 |
| 交通渋滞 | 105 |
| 講堂 | 139 |
| 高等学校 | 138 |
| 校内暴力 | 141 |
| 光熱費 | 89 |
| 後輩 | 23 |
| 香ばしい | 63 |
| 幸福 | 25 |
| 興奮 | 29 |
| 興奮する | 29 |
| 候補者 | 155 |
| 公務員 | 149 |
| こうもり | 195 |
| 紅葉（こうよう） | 197 |
| 行楽地 | 125 |
| 高利貸し | 159 |
| 公立学校 | 138 |
| 声を出して泣く | 27 |
| 声を立てて笑う | 27 |
| コース料理 | 84 |
| コート | 49 |
| コーヒー | 78 |
| コーヒーカップ | 86 |
| コーヒーわかし | 79 |
| コーラ | 78 |
| こおろぎ | 195 |
| 語学 | 143 |
| 小型車 | 103 |
| 小型トラック | 103 |
| 5月 | 166 |
| 木枯し | 203 |
| 小切手 | 159・178 |
| 小切手帳 | 119 |
| ごきぶり | 195 |
| 呼吸をする | 184 |
| 国語 | 142 |
| 国債 | 159・179 |
| 国際電話 | 33 |
| 国際便 | 111 |
| 極小の | 177 |
| 国籍 | 121 |
| 国内便 | 111 |
| 国内旅行 | 120 |
| 国民 | 154 |
| 固形燃料 | 125 |
| ココア | 78 |
| 午後中 | 165 |
| コサージ | 52 |
| 腰 | 183 |
| こしょう | 80 |
| 故障 | 103 |
| コスモス | 198 |
| 小銭入れ | 178 |
| 5千円札 | 178 |
| 午前中 | 165 |
| 5セント | 179 |
| 子育て | 41 |
| こたつ | 99 |
| こちらこそ | 17 |
| （日本の）国会 | 154 |
| 国会 | 155 |
| コック | 85 |
| 骨折 | 213 |
| 小包 | 119 |
| こってり | 63 |
| コップ | 86 |
| ゴッホ | 133 |
| 古典文学 | 130 |
| 子ども | 20 |
| 子ども、若者 | 21 |
| 子ども部屋 | 92 |
| 子ども用 | 55 |
| 粉薬 | 214 |
| 粉ミルク | 54・75 |
| 子猫 | 189 |
| この男の人（尊敬をもって） | 18 |
| この女の人 | 19 |
| 好み | 29 |
| 小春日和 | 203 |
| ごはん（米） | 60 |
| 子羊の肉 | 70 |
| ゴブレット | 87 |
| 古文 | 142 |
| 小部屋 | 93 |
| ごぼう | 68 |
| ごま油 | 75 |
| ごめんなさい | 16 |
| 子守 | 55 |
| 子守歌 | 55 |
| 顧問 | 151 |
| ゴルフ | 123 |

# index

| | | | |
|---|---|---|---|
| コレクトコール …… 33 | 裁判 …………… 156 | サファイア ………… 53 | 36枚撮りフィルム… 133 |
| これをください …… 31 | 裁判官 ……… 149 | サフラン…………… 81 | 算数 ………… 142 |
| (〜が) 怖い ……… 25 | 裁判所 ……… 156 | サボテン ……… 199 | 参政権 ……… 155 |
| 壊れもの ………… 119 | 財布 ……… 178・216 | 寒け……………… 210 | 残高 ………… 119 |
| 婚姻届 ………… 43 | 裁縫 ………… 41 | さめ …………… 192 | サンダル ………… 51 |
| コンサート ……… 126 | 材料 ………… 66 | 座薬 …………… 215 | サンドイッチ ……… 64 |
| 今週 …………… 165 | サイン …… 117・118 | 左右 …………… 171 | 桟橋 ………… 125 |
| コンソメ………… 85 | サインペン ……… 144 | さようなら ……… 17 | 産婦人科 ……… 208 |
| コンタクトレンズを入れる | 魚屋 …………… 83 | (深い) 皿 ……… 86 | 散歩する ……… 113 |
| ………… 39 | 魚料理 ………… 84 | 皿洗い機 ……… 98 | サンルーム …… 93 |
| コンドーム ……… 215 | 酒屋 …………… 83 | サラ金 ………… 159 | |
| こんにちは………… 16 | 詐欺 (さぎ) ……… 217 | ザラザラの ……… 177 | **し** |
| コンパス …… 125・145 | 作詞家 ………… 127 | サラダ …………… 65 | |
| こんばんは………… 16 | 桜 …………… 196 | サラミ…………… 71 | 詩 …………… 130 |
| コンビニエンス・ストア | さくらんぼ ……… 77 | 猿 …………… 191 | 時 …………… 168 |
| ………… 83 | さざんか ……… 197 | ざる …………… 87 | 痔 …………… 213 |
| コンピュータウィルス | 座席 ………… 107 | サワークリーム …… 75 | 幸せな ………… 28 |
| ………… 146 | 座席番号 ……… 111 | 〜さん、様(男) …… 19 | しいたけ ………… 69 |
| こんぶ …………… 73 | 左折する……… 103 | 〜さん、様(女:既婚) | シーツ ………… 95 |
| 婚約者 ……… 23・42 | (私は) サチコです… 32 | ………… 19 | CD …………… 127 |
| 婚約指輪 ……… 42 | 札入れ ………… 179 | 〜さん、様(女:未既婚) | CDコンポ ……… 99 |
| | 撮影する ……… 133 | ………… 19 | CDプレーヤー …… 99 |
| **さ** | 作家 ……… 131・149 | 〜さん、様(女:未婚) | CDロム ……… 147 |
| | サッカー ……… 122 | ………… 19 | 自営業 ……… 149 |
| サービス業 ……… 149 | 雑貨屋 ……… 114 | 三回忌 ………… 45 | シェイク ………… 65 |
| サーフィン ……… 122 | 作曲家 ……… 127 | 三角形 ………… 176 | シェフ ………… 85 |
| 最下位 ……… 173 | 雑誌 ………… 160 | 三角定規 ……… 145 | 塩 …………… 80 |
| サイクリング……… 124 | さっぱり ………… 63 | 三角すい ……… 177 | 塩辛い ………… 62 |
| 債券 ………… 159 | さつまいも ……… 69 | 3月 …………… 166 | しか …………… 191 |
| 最後に ………… 172 | 砂糖 …………… 80 | 参議院 ……… 155 | 歯科 ………… 208 |
| 再婚……………… 43 | 茶道 ………… 135 | 三脚 ………… 133 | 歯科医 ……… 209 |
| 祭日 …………… 47 | さば …………… 73 | 残業 ………… 153 | 4月 …………… 166 |
| 菜食主義者 ……… 69 | 砂漠 ………… 201 | 懺悔 (ざんげ) する …47 | しかる ………… 41 |
| 最初に ………… 172 | 寂しく思う ……… 24 | さんごしょう …… 193 | 時間はありますか? … 30 |
| サイズ ………… 57 | 寂しさ ………… 25 | 山菜 …………… 69 | 時間割 ……… 140 |
| さいの目に切る … 67 | | | 四季 ………… 167 |

225

## さくいん

| | | | |
|---|---|---|---|
| 敷金 …… 89 | 実のところ …… 35 | じゃがいも …… 69 | 終電 …… 109 |
| 指揮者 …… 127 | 実を言うと …… 35 | 借家人 …… 89 | 12月 …… 167 |
| 始業式 …… 141 | 指定席 …… 128 | ジャケット …… 49 | 週末 …… 165 |
| 事件 …… 161 | 支店長 …… 151 | 車検 …… 103 | 終了する …… 147 |
| 事故 …… 105 | 自動車教習所 …… 105 | しゃこ …… 73 | 主演 …… 129 |
| 時刻表 …… 107 | 自動車保険 …… 105 | 社交的な …… 19 | 酒気測定器 …… 105 |
| 仕事かばん …… 53 | 自動ドア …… 107 | 写実主義 …… 133 | 授業 …… 140 |
| 仕事中 …… 153 | しとやかな …… 19 | 車掌 …… 109 | 授業放棄 …… 141 |
| 仕事中毒 …… 153 | 市内通話 …… 33 | 写真家 …… 132 | 祝宴 …… 45 |
| 仕事部屋 …… 92 | シナモン …… 81 | ジャズ …… 126 | 熟した …… 77 |
| 時差 …… 121 | 死ぬ …… 45 | 社長 …… 151 | 宿題 …… 140 |
| 地酒 …… 79 | 支配人 …… 151 | シャツ …… 50 | 祝電 …… 45 |
| 時差ボケ …… 111 | 始発 …… 109 | 借金 …… 179 | 宿泊カードの記入 …… 117 |
| 支社（支店） …… 152 | 始発駅 …… 109 | しゃっくりをする …… 184 | 宿泊料金 …… 116 |
| 辞書 …… 131 | 芝生 …… 199 | シャツドレス …… 49 | 手芸 …… 134 |
| 辞職 …… 153 | 支払い …… 179 | シャツブラウス …… 49 | 取材 …… 161 |
| 私書箱 …… 119 | 支払う …… 115 | しゃもじ …… 87 | 手術 …… 209 |
| 詩人 …… 131 | 耳鼻咽喉科 …… 208 | シャワーを浴びる …… 39 | 主食 …… 60 |
| 地震 …… 203 | 持病 …… 213 | シャンデリア …… 97 | 出勤 …… 152 |
| 時速 …… 105・169 | 4分音符 …… 127 | ジャンパー …… 49 | 出金 …… 153 |
| 時速(km/h) …… 105 | 紙幣 …… 178 | 11月 …… 167 | 出血 …… 211 |
| 下から4番目 …… 173 | 資本 …… 159 | 10月 …… 167 | 出血する …… 185 |
| 舌びらめ …… 73 | 姉妹 …… 20 | 衆議院 …… 155 | 出国 …… 121 |
| 7月 …… 167 | しまうま …… 190 | 終業式 …… 141 | 出産 …… 44 |
| 自治体 …… 154 | 字幕スーパー …… 129 | 集合場所 …… 107 | 10セント …… 179 |
| 七面鳥 …… 71 | （いっしょに） | 収支 …… 159 | 出張 …… 153 |
| 試着室 …… 114 | しませんか？ …… 30 | 自由時間 …… 107 | 出発時間 …… 111 |
| シチュー …… 64 | 地味な色 …… 175 | 週日（平日） …… 165 | 出版 …… 160 |
| 次長 …… 150 | 市民 …… 154 | 修正液 …… 144 | 出版元 …… 131 |
| 視聴覚教室 …… 139 | 指紋 …… 217 | 住宅地 …… 113 | 出力 …… 147 |
| 視聴率 …… 161 | シャープペンシル | 住宅ローン …… 88 | 首都 …… 180 |
| 歯痛 …… 210 | …… 144・145 | じゅうたん …… 96 | 授乳する …… 41 |
| しつけ …… 189 | シャーベット …… 77 | じゅうたん | シュミーズ …… 51 |
| 執行猶予 …… 157 | 社員 …… 150 | （床の一部用） …… 97 | 樹木の花 …… 199 |
| 湿度 …… 203 | 社会学 …… 142 | 終着駅 …… 109 | 需要 …… 155 |

| | | | |
|---|---|---|---|
| 受話器 …………… 33 | 証人 …………… 157 | 書斎 …………… 92 | 親戚 …………… 21 |
| 順位 …………… 173 | 情熱 …………… 29 | 初秋 …………… 167 | 親切 …………… 25 |
| 準決勝 ………… 123 | 情熱的な ……… 29 | 初春 …………… 167 | 心臓 …………… 183 |
| 順番に ………… 173 | 少年 …………… 22 | 女性 …………… 22 | 心臓病 ………… 212 |
| 順番を守る …… 173 | 少年院 ………… 156 | 書籍 …………… 160 | 寝台車 ………… 108 |
| 順番を無視する … 173 | 上品な色……… 175 | 所長 …………… 151 | 新体操 ………… 123 |
| 錠（じょう）…… 91 | 情報源 ………… 161 | 食間 …………… 215 | 新陳代謝 ……… 185 |
| しょうが …… 69・81 | 情報処理 ……… 143 | 食器棚 ………… 87 | 神道 …………… 46 |
| 傷害 …………… 217 | 常務 …………… 150 | 書道 …………… 135 | 神道家 ………… 47 |
| 消化する ……… 185 | 正面衝突 ……… 105 | 処方箋（せん）… 215 | 心配する ……… 29 |
| 小学校 ………… 138 | 錠薬 …………… 214 | 女優 …………… 129 | 新婦（花嫁）… 42 |
| 消化不良 ……… 211 | しょうゆ ……… 80 | 処理する ……… 147 | 人物画 ………… 132 |
| 将棋 …………… 135 | 乗用車 ………… 102 | しらかば ……… 197 | 新聞 …………… 160 |
| 定規 …………… 145 | 条例 …………… 154 | しらすぼし …… 73 | 人文科学 ……… 143 |
| 乗客 …………… 107 | ショーツ ……… 50 | 私立学校 ……… 139 | 信頼できる …… 19 |
| 上下 …………… 171 | ジョギング …… 122 | ジルコン ……… 53 | 心理学 ………… 143 |
| 証券会社 ……… 159 | 職員室 ………… 139 | 城 ……………… 113 | 森林 …………… 197 |
| 証言する ……… 157 | 職業 …………… 121 | 白 ……………… 174 | 人類愛 ………… 47 |
| 証券取引 ……… 158 | 食後 …………… 215 | しろながす鯨 … 192 | 新郎（花婿）… 42 |
| 証拠 …………… 157 | 食事 …………… 60 | シンガポール … 180 | |
| 証拠隠滅 ……… 157 | 食事付きの下宿 … 89 | 新幹線 ………… 109 | **す** |
| 上司 …………… 152 | 食前 …………… 215 | シングル ……… 116 | |
| 正直な ………… 19 | 食前酒 ………… 61 | 神経痛 ………… 211 | 酢 ……………… 80 |
| 少女 …………… 22 | 食卓 …………… 94 | 人工衛星 ……… 205 | スイート ……… 117 |
| 上場株 ………… 179 | 嘱託 …………… 151 | 信号機 ………… 103 | 水泳 …………… 122 |
| 昇進 …………… 152 | 食中毒 ………… 213 | 新婚のカップル… 43 | すいか ………… 76 |
| 小説 …………… 130 | 食堂車 ………… 108 | 新婚旅行 ……… 43 | 水彩画 ………… 132 |
| 上訴する ……… 157 | 食堂 | 診察券 ………… 209 | 水星 …………… 204 |
| 招待状 ………… 43 | （ダイニング・ルーム）… 92 | 診察室 ………… 209 | 水仙 …………… 199 |
| （トイレ）使用中… 111 | 食品添加物 …… 81 | 診察所 ………… 209 | 水槽 ………… 97・189 |
| 商店街 ………… 113 | 植物 …………… 196 | 人事 …………… 153 | 水族館 ………… 113 |
| 消毒 …………… 215 | 食欲 …………… 211 | 寝室 …………… 93 | 水筒 …………… 125 |
| 小児科 ………… 208 | 食料室 ………… 93 | 神社 ………… 46・113 | 炊飯器 ………… 87 |
| 小児科医 ……… 209 | 食料品店 ……… 114 | 真珠 …………… 53 | 水平線、地平線 … 201 |
| 商人 …………… 115 | 除光液 ………… 59 | 信じる ………… 27 | 水墨画 ………… 133 |
| | | | 睡眠薬 ………… 214 |

227

# さくいん

| | | | |
|---|---|---|---|
| 水曜日 …… 164 | ステーキ …… 65 | 生徒 …… 139 | 喘息（ぜんそく）… 213 |
| 推理小説 …… 130 | ストーカー …… 217 | 性病 …… 213 | 選択科目 …… 141 |
| 数学 …… 142 | ストーブ …… 94 | 生物 …… 143 | 洗濯機 …… 40・98 |
| スーツ …… 48 | ストレス …… 211 | 西洋人 …… 23 | 洗濯室 …… 93 |
| スーツケース …… 120 | 砂ぎも …… 71 | 税理士 …… 148 | 洗濯する …… 40 |
| スーパーマーケット | スノーボード …… 123 | 生理中です …… 185 | 洗濯物袋 …… 117 |
| …… 83・114 | スパゲティ …… 64 | 生理痛 …… 210 | センチ …… 168 |
| スープ …… 85 | スパルタ教育 …… 41 | セーター …… 49 | 煎茶 …… 79 |
| スカート …… 48 | スピード違反 …… 105 | せきが出る …… 211 | 先輩 …… 23 |
| スカーフ …… 53 | スプーン …… 86 | 赤飯 …… 45 | 扇風機 …… 99 |
| すがすがしい …… 25 | スプーン1杯の …… 169 | 石油ファンヒーター… 99 | 専務 …… 150 |
| 姿見 …… 95 | スペイン …… 181 | せきをする …… 184 | 洗面所 …… 92 |
| 好き …… 28 | スポーツ飲料 …… 78 | 石けん …… 39 | 専門学校 …… 139 |
| 杉 …… 196 | ズボン …… 48 | 接続する …… 147 | 専門店 …… 114 |
| スキー …… 123 | すみません …… 16 | せつない …… 25 | 洗練されている …… 19 |
| 好き嫌い …… 63 | すみれ …… 198 | 絶望する …… 29 | |
| ズキズキする …… 211 | 住む …… 91 | セピア色 …… 175 | **そ** |
| スキャナー …… 147 | スリ …… 216 | 背びれ …… 193 | 象 …… 190 |
| スキャンダル …… 161 | すりおろす …… 66 | せみ …… 195 | 象あざらし …… 192 |
| スキューバダイビング | すり傷 …… 213 | ゼリー …… 77 | そうか！ …… 34 |
| …… 123 | スリッパ …… 51 | セロテープ …… 145 | 造花 …… 199 |
| 少なくとも …… 35 | スリップ …… 50 | セロリ …… 69 | 葬儀 …… 45 |
| スクリーン …… 128 | すりつぶす …… 67 | 世話 …… 189 | 送金する …… 119 |
| スクリーン（画面）… 147 | | せわしない …… 25 | 草原 …… 201 |
| すし …… 65 | **せ** | せわしなさ …… 25 | 走行距離 …… 104 |
| すしこ …… 73 | 正義 …… 157 | 世話をする …… 41 | 総合大学 …… 138 |
| すし屋 …… 82 | 税金 …… 154 | 選挙 …… 154 | 総合病院 …… 208 |
| すずき …… 72 | 成功 …… 45 | せん切りにする …… 67 | 走行マイル数 …… 105 |
| すずめ …… 194 | 星座 …… 205 | 先月 …… 167 | 掃除機 …… 40・98・99 |
| すずらん …… 198 | 生産 …… 155 | 洗剤 …… 87 | 掃除する …… 40 |
| すすり泣く …… 27 | 政治家 …… 154 | 前菜 …… 84 | 草食動物 …… 191 |
| 裾（すそ） …… 56 | 精神病 …… 211 | 先週 …… 165 | そう病 …… 211 |
| すだれ …… 97 | 成人病 …… 213 | 全集 …… 131 | ソウル …… 181 |
| 頭痛 …… 210 | 正装する …… 59 | センス …… 59 | ソーセージ …… 70 |
| すっぱい …… 62 | 成長する …… 185 | 先生 …… 139 | ソーダ …… 78 |

| | | | |
|---|---|---|---|
| 速達 ……………… 119 | 第1回戦 ………… 123 | 丈（たけ）……… 56 | たん……………… 184 |
| そして …………… 35 | ダイエット ……… 59 | 竹 ………………… 197 | 単位 ……………… 141 |
| 育てる …………… 41 | 体温計 …………… 215 | たけのこ ………… 69 | 単科学校 ………… 138 |
| 卒業 ……………… 141 | 退学 ……………… 141 | たこ …………… 73・192 | 短期大学 ………… 138 |
| 卒業（祝い）……… 44 | 大学院 …………… 138 | タコス …………… 65 | タンクトップ …… 50 |
| 卒業アルバム …… 141 | 大気圏 …………… 205 | 山車（だし）……… 47 | 団子（だんご）…… 77 |
| 卒業式 …………… 141 | 大工 ……………… 149 | だしをとる ……… 67 | 炭酸飲料 ………… 78 |
| 卒業試験 ………… 141 | 大根 ……………… 69 | ただいま! ……… 17 | 短縮ダイヤル …… 146 |
| 袖（そで）………… 56 | 退社 ……………… 152 | 正しい …………… 25 | 誕生石 …………… 53 |
| 袖口 ……………… 56 | 体重計 …………… 41 | 立ち上げる ……… 147 | 誕生日 …………… 45 |
| そのうえ ………… 35 | 退職 ……………… 153 | 卓球 ……………… 123 | 暖色 ……………… 175 |
| 祖父 ……………… 21 | 大豆（だいず）… 69・74 | 抱っこする ……… 41 | たんす …………… 94 |
| ソファー ………… 94 | 大成功 …………… 45 | 竜巻 ……………… 203 | 淡水魚 …………… 193 |
| ソフトウエア …… 147 | 大聖堂 …………… 113 | 谷 ………………… 200 | 男性 ……………… 22 |
| ソフトクリーム … 75 | 大西洋 …………… 201 | たぬき …………… 191 | 担当役員 ………… 151 |
| ソフトドリンク … 79 | 体操 ……………… 123 | 種 ………………… 199 | たんぽぽ ………… 198 |
| 祖母 ……………… 21 | 大地 ……………… 200 | 種なしぶどう …… 77 | 男優 ……………… 129 |
| ソムリエ ………… 85 | 台所 ……………… 92 | 楽しい ………… 19・24 | 暖炉 ……………… 91 |
| そよ風 …………… 203 | 台風 ……………… 202 | タバスコ ………… 80 | |
| 空 ………………… 200 | 太平洋 …………… 201 | 旅人 ……………… 23 | **ち** |
| そら豆 …………… 69 | 大便をする ……… 185 | ダブル …………… 117 | 小さい …………… 176 |
| それはどこですか? … 30 | 逮捕 ……………… 217 | ダブルベッド …… 95 | 小さいテスト …… 140 |
| それを貸してください | ダイヤモンド …… 53 | 食べすぎ ………… 61 | チーズ …………… 75 |
| ……………… 31 | 大洋 ……………… 201 | タペストリー …… 96 | チーター ………… 190 |
| それを | 太陽 ……………… 204 | 食べ残す ………… 61 | チェス …………… 134 |
| 見せてください … 31 | 太陽系 …………… 205 | 食べる …………… 61 | チェックアウト … 116 |
| 尊敬 ……………… 29 | タイ料理店 ……… 82 | 打撲 ……………… 213 | チェックイン …… 116 |
| 尊敬する ………… 29 | 楕円 ……………… 176 | だまされる ……… 217 | 違います ………… 32 |
| 損失 ……………… 155 | たか ……………… 194 | 玉ねぎ …………… 69 | 地下室 …………… 93 |
| | 高い ……………… 176 | だめです ………… 31 | 地下鉄 …………… 108 |
| **た** | 高台 ……………… 113 | たらこ …………… 73 | 近道 ……………… 113 |
| ターメリック …… 81 | だから …………… 35 | たらばがに ……… 72 | 痴漢 ……………… 216 |
| タイ ……………… 180 | 滝 ………………… 201 | だるい …………… 211 | 地球 ……………… 204 |
| 体育 ……………… 143 | タクシー乗り場 … 106 | だれ? …………… 19 | 地球儀 …………… 145 |
| 体育館 …………… 139 | タクシーメーター … 107 | だれか …………… 19 | チケット売り場 … 129 |

# さくいん

遅刻する ……… 152
知人 ……… 23
地図 ……… 121
父 ……… 20
父方の祖父 ……… 21
地中海 ……… 201
チップ ……… 85・117
地方行政 ……… 155
チャーハン ……… 64
茶色 ……… 174
着陸 ……… 111
茶碗 ……… 87
中学校 ……… 138
中華料理店 ……… 82
中間試験 ……… 140
中間色 ……… 175
中国 ……… 180
注射 ……… 209
駐車違反 ……… 105
駐車場 ……… 103
駐車する ……… 103
抽象画 ……… 133
昼食 ……… 39・60
中年の人 ……… 22
中火 ……… 67
注文 ……… 84
チューリップ ……… 198
腸 ……… 183
ちょう ……… 194
懲役 ……… 157
長距離電話 ……… 33
長距離バス ……… 106
長寿(の祝い) ……… 44
長寿の家系 ……… 45
長寿法 ……… 45

朝食 ……… 60
朝食をとる ……… 39
調理師 ……… 149
朝礼 ……… 140
チョーカー ……… 52
直進する ……… 103
直線 ……… 177
直属の上司 ……… 151
チョコレート ……… 77
地理 ……… 142
賃貸契約 ……… 88
賃貸マンション ……… 91
鎮痛剤 ……… 215

## つ

ツアー ……… 120
追突 ……… 105
ツイン ……… 117
通貨 ……… 159
通勤電車 ……… 109
通帳 ……… 118
通話料金 ……… 33
使い捨てカメラ ……… 133
月 ……… 205
次 ……… 173
次々と ……… 173
月々の返済額 ……… 89
机 ……… 94
繕う ……… 41
ツケで〜を買う ……… 179
漬け物 ……… 61
漬ける ……… 67
(化粧品を)つける ……… 58
土ふまず ……… 183
津波 ……… 203

つばき ……… 196
翼 ……… 195
つばめ ……… 194
つばを吐く ……… 184
つぼみ ……… 199
妻 ……… 20
つま先 ……… 183
つまり ……… 35
つみ木 ……… 55
積立貯金 ……… 118
つみれ ……… 73
つめ切り ……… 39
強火 ……… 67
釣り ……… 124
釣り道具 ……… 125
つる ……… 195
ツルツルの ……… 177

## て

手 ……… 183
定員 ……… 107
低温殺菌牛乳 ……… 75
低学年 ……… 139
Tシャツ ……… 48
定食 ……… 85
ティッシュ ……… 59
定年 ……… 153
デート ……… 42
テーブルカバー ……… 96
テープレコーダー ……… 99
出かける ……… 39
手紙 ……… 119
敵 ……… 23
できません ……… 31
手首 ……… 183

デザート ……… 84
デジタルカメラ ……… 133
手品 ……… 134
デスクトップ ……… 146
哲学 ……… 143
テニス ……… 123
手荷物 ……… 111
手荷物一時預かり所 ……… 109
手荷物の半券 ……… 111
デパート ……… 114
手羽肉 ……… 71
手袋 ……… 53
デフレ ……… 159
出前(宅配) ……… 61
でも ……… 34
寺 ……… 46・113
テラス ……… 93
デリカテッセン ……… 83
テリヤキソース ……… 81
テレビ ……… 99・160
テレビ・ゲーム ……… 135
テレビ中継する ……… 161
テレビを見る ……… 39
店員 ……… 114・149
天王星 ……… 204
天蓋付きベッド ……… 95
伝記 ……… 131
電気かみそり ……… 39
電気スタンドのかさ ……… 97
電気毛布 ……… 95
電球 ……… 99
転勤 ……… 153
天才 ……… 23
添乗員 ……… 121

| | | | |
|---|---|---|---|
| 電子レンジ ……… 98 | 搭乗する………… 111 | 土地 …………… 88 | ドレッシング ……… 81 |
| 天体望遠鏡 …… 205 | 同棲 ……………… 43 | 途中下車 ……… 109 | とろとろ煮る ……… 67 |
| 電卓 …………… 145 | 同窓会 ………… 141 | どちら様ですか …… 32 | 泥棒 …………… 216 |
| 点滴 …………… 209 | 到着時間 ……… 111 | どっちですか？ … 30 | トン …………… 168 |
| テント ………… 124 | 道徳 …………… 143 | 突風 …………… 203 | どんぐり ……… 197 |
| てんとう虫 …… 195 | 盗難 …………… 217 | どの人？………… 19 | どんな種類ですか？… 30 |
| てんぷら ……… 65 | 豆乳 ……………… 74 | トパーズ ……… 53 | とんぼ ………… 195 |
| 展望台 ………… 113 | 糖尿病 ………… 212 | トマト …………… 68 | |
| 点滅信号 ……… 103 | 投票 …………… 154 | 泊まる ………… 117 | **な** |
| 天文学 ………… 143 | 豆腐 ……………… 74 | 弔う ……………… 45 | 内科 …………… 208 |
| 展覧会 ………… 133 | 透明な ………… 175 | 土曜日 ………… 164 | 内科医 ………… 209 |
| 電話器 ………… 32 | どうやら ……… 35 | ドライブする …… 103 | ナイフ …………… 86 |
| 電話職業別欄 … 33 | 童謡 …………… 127 | ドライブ・スルーの | 苗木 …………… 197 |
| 電話帳 ………… 33 | 東洋人 …………… 23 | ファーストフード … 83 | 長袖 ……………… 57 |
| 電話番号 ……… 33 | 同僚 ………… 23・152 | ドライフラワー | 仲間 ……………… 23 |
| 電話ボックス …… 32 | 道路 …………… 102 | ………… 96・199 | 泣きじゃくる ……… 27 |
| | 童話 …………… 130 | トラック ……… 102 | 泣く ……………… 26 |
| **と** | トースター ……… 98 | トラベラーズチェック | 仲人 ……………… 43 |
| ドア ……………… 90 | トースト ………… 64 | ……………… 179 | なし（梨）……… 77 |
| ドイツ ………… 181 | トーナメント…… 123 | トランク ……… 120 | なす ……………… 68 |
| トイレ …………… 92 | 溶かす …………… 67 | トランクス ……… 50 | なぜなら………… 35 |
| トイレに行く …… 39 | 読書する ……… 131 | トランプ ……… 134 | 雪崩（なだれ）…… 203 |
| どういたしまして …… 17 | 独身 …………… 121 | 鳥 ……………… 188 | 夏 ……………… 166 |
| 唐辛子 ………… 80 | 特派員 ………… 161 | とりあえず ……… 35 | ナツメグ………… 81 |
| 闘牛 …………… 191 | 特別料理 ………… 84 | 鳥かご………… 189 | 斜め …………… 170 |
| 同級生 …………… 23 | 毒蛇 …………… 191 | 取締役 ………… 150 | 斜め上 ………… 171 |
| 陶芸 …………… 134 | とげ…………… 199 | ドリップ式コーヒーわかし | 斜め下 ………… 171 |
| 同系色 ………… 175 | 時計回りに | ……………… 79 | 斜め左 ………… 171 |
| 登校拒否 ……… 141 | （右回りに）… 171 | 鶏肉 ……………… 70 | 斜め右 ………… 171 |
| 倒産 …………… 153 | ところで………… 34 | 鳥の肉（総称）…… 71 | なにしろ………… 35 |
| 投資 ……… 159・179 | 登山 …………… 124 | 取り引き ……… 155 | ～なので ……… 35 |
| 投資家 ………… 179 | 登山靴 ………… 125 | ドル …………… 179 | ナプキン ………… 85 |
| 投資信託 … 158・179 | 年の順に ……… 173 | トルコ石………… 53 | （浅い）鍋……… 87 |
| 搭乗口 ………… 110 | 図書館 …… 113・131 | トルマリン ……… 53 | なまあげ ………… 75 |
| 搭乗券 ………… 110 | 土星 …………… 204 | ドレス …………… 48 | 名前 …………… 121 |

# さくいん

生臭い ………… 63
生クリーム …… 74・75
怠け者の ………… 19
なまこ …………… 73
なまず ………… 193
生放送 ………… 161
並木道 ………… 112
涙 ……………… 184
涙を流して泣く …… 27
納屋（なや）…… 93
なるほど ………… 34
なわとびをする … 55
南極海 ………… 201
ナンシーさんを
　お願いします …… 32
何時ですか？ …… 30
ナンバープレート … 104

## に

2位 …………… 173
2階建て ………… 91
苦い ……………… 62
2月 …………… 166
肉食動物 ……… 191
憎む ……………… 26
肉屋 ……………… 83
肉料理 …………… 84
逃げる ………… 217
煮込む …………… 67
西 ……………… 171
虹 ……………… 203
にしき蛇 ……… 191
25セント ……… 179
20ドル紙幣 …… 179
にしん …………… 73

日曜画家 ……… 135
日曜大工 ……… 135
日曜日 ………… 164
にっこりほほえむ … 27
日程 …………… 121
二の腕 ………… 183
2分音符 ……… 127
日本 …………… 180
日本語を話すガイド
　………………… 107
日本酒 …………… 79
日本人 …………… 23
日本文学 ……… 143
日本料理店 ……… 82
荷物 ……… 107・117
にやにや笑う …… 27
入学（祝い）…… 44
入学式 ………… 141
入学試験 ……… 139
入居可能な ……… 89
入居人 …………… 89
入金 …………… 153
入国 …………… 121
入場券（チケット）… 129
ニュース ……… 161
ニュース解説 … 161
ニュース解説者 … 161
入力 …………… 147
尿 ……………… 185
庭 ………………… 91
鶏 ……………… 195
人気作家 ……… 131
人気テレビ番組 … 161
人形 ……………… 55
人間ドック …… 209

にんじん ………… 69
妊娠している …… 44
にんにく ………… 80

## ぬ

ぬいぐるみ ……… 97
縫う ……………… 40
脱ぐ ……………… 49
沼 ……………… 201
塗り薬 ………… 214

## ね

願う ……………… 27
ねぎ ……………… 68
ネクタイ ………… 52
ネグリジェ ……… 51
猫 ……………… 188
ねじりはち巻き … 47
ねたむ …………… 26
値段 …………… 115
熱 ……………… 210
ネックレス ……… 52
熱帯 …………… 201
熱帯魚 …… 97・189
熱風 …………… 203
ネバネバの …… 177
寝袋 …………… 125
寝坊する ………… 38
寝る ……………… 39
年金 …………… 153
ねんざ ………… 213
年始 …………… 167
年収 …………… 153
燃費 …………… 104
年末 …………… 167

## の

能 ……………… 129
納期 …………… 155
脳しんとう …… 212
農夫 …………… 149
ノースリーブ …… 57
ノート ………… 144
ノート型パソコン … 146
望み ……………… 29
望む ……………… 29
乗っ取り ……… 159
のどが痛い …… 211
のどがカラカラ … 61
のどが渇いた …… 61
上り坂 ………… 113
飲み薬 ………… 214
ノミの市 ……… 115
のり …………… 145
乗換駅 ………… 109
乗換切符 ……… 106
乗り換える …… 109
乗り物酔いの薬 … 215
乗る …………… 107

## は

葉 ……………… 199
バー ……………… 82
バーゲン ……… 115
ハート形 ……… 177
ハーブ ………… 199
ハーブ茶 ………… 79
バーベキュー … 125
バーボン ………… 79
パーマ …………… 58

# index

| | | | |
|---|---|---|---|
| ハーモニー ……… 127 | はし ……………… 86 | 鼻 ……………… 182 | パン ……………… 61 |
| パイ ……………… 77 | 橋 ……………… 112 | （犬を） | 繁華街 ………… 113 |
| 肺炎 …………… 212 | 恥 ……………… 25 | 　放し飼いにする …189 | ハンカチ ……… 52 |
| ハイオクガソリン …103 | はしか ………… 213 | 花束（ブーケ）… 43・199 | 番組 …………… 161 |
| ハイキング …… 124 | 初め …………… 172 | バナナ …………… 76 | 番犬 …………… 189 |
| バイキング料理 …… 65 | はじめまして …… 17 | 花びら ………… 199 | 番号案内 ……… 33 |
| 灰皿 ……………… 97 | パジャマ …… 51・95 | 花祭り（4月8日・お釈迦 | バンコック …… 181 |
| 歯医者（歯科医）… 148 | 場所 …………… 89 | 様の誕生日）…… 47 | 半ズボン ……… 48 |
| 敗者復活戦 …… 123 | バジル ………… 81 | 鼻水が出る … 184・211 | ばんそうこう……… 215 |
| 賠償金 ………… 157 | 恥ずかしい …… 25 | 花屋 …………… 199 | 半袖 ……………… 57 |
| 陪審員 ………… 157 | 恥ずかしがりの …… 19 | 花嫁衣装 ……… 43 | パンダ ………… 190 |
| 陪審員の評決 … 157 | バスケットボール … 122 | 羽根布団 ……… 95 | 反対側 ………… 171 |
| 売店 …………… 109 | バス乗車券 …… 106 | 母 ……………… 20 | 反対色 ………… 175 |
| 配当金 ………… 158 | バス停………… 106 | 母方の祖母 …… 21 | 反対方向 ……… 171 |
| 売買 …………… 158 | パスワード …… 147 | 歯ブラシ ……… 39 | 番地 …………… 89 |
| 売買契約 ……… 88 | パセリ ………… 69 | パプリカ………… 81 | 番茶 ……………… 79 |
| ハイハイする ……55 | パソコン …… 146 | 歯磨き ………… 39 | パンティーストッキング |
| ハイヒール……… 51 | バター ………… 75 | ハム …………… 70 | ……… 50 |
| ハイビスカス …… 199 | 働く …………… 39 | ハムスター …… 188 | ハンドル ……… 104 |
| パイロット……… 110 | はち …………… 195 | 林 ………… 197・200 | 半日ツアー …… 107 |
| バインダー …… 145 | 鉢 ……………… 199 | ばら …………… 198 | 犯人 …………… 217 |
| はえ …………… 195 | 8月 …………… 167 | 腹びれ ………… 193 | ハンバーガー …… 65 |
| パエリヤ ……… 65 | 八角形 ………… 177 | 針 ……………… 41 | ハンバーグ …… 64 |
| 墓 ……………… 45 | 爬（は）虫類 …… 191 | パリ …………… 181 | パンプス ……… 51 |
| バカな人 ……… 23 | バツイチの………… 43 | ハリバット（大かれい） | パン屋 ………… 83 |
| 吐きけがする …… 211 | バッグ ………… 53 | ……… 73 | |
| 歯ぎしりする … 185 | バックする …… 103 | 春 …………… 166 | ## ひ |
| 掃く …………… 40 | バックミラー …… 104 | バルコニー …… 93 | ピアス ………… 52 |
| 履く …………… 51 | パック旅行 …… 121 | 晴れ …………… 202 | ビーフジャーキー … 71 |
| 吐く …………… 185 | ばった ………… 195 | 腫（は）れ …… 211 | ピーマン ……… 68 |
| 拍手 …………… 129 | 罰として尻を打つ … 41 | バレエ………… 129 | ビール ………… 79 |
| 白鳥 …………… 194 | はっぴ …………… 47 | バレーボール …… 122 | 被害者 ………… 216 |
| 激しい …………… 25 | 派手な色………… 175 | 晴れ着 ………… 49 | 東 ……………… 171 |
| バケツ1杯の …… 169 | はと ……… 71・194 | ハロウィーン …… 47 | ピカソ ………… 133 |
| はさみ ………… 144 | バトミントン …… 123 | 歯を磨く ……… 38 | 引き出す ……… 118 |

233

## さくいん

| | | | |
|---|---|---|---|
| ひき肉 …………… 70 | ひとで …………… 193 | **ふ** | ～夫妻 …………… 19 |
| ひき逃げ ………… 105 | 1箱の …………… 169 | | 不幸せな ………… 28 |
| 引き分け ………… 123 | ひと袋の ………… 169 | ファーストクラス … 110 | 父子家庭 ………… 43 |
| 低い ……………… 176 | ひとり旅 ………… 120 | ファーストフード店 … 82 | 不正直な ………… 19 |
| ピクニック ……… 124 | 避難 ……………… 216 | ファイル ………… 145 | 不親切な ………… 19 |
| 悲劇 ……………… 128 | 泌尿器科 ………… 209 | ファスナー ……… 57 | 舞台 ……………… 128 |
| ひげをそる ……… 39 | 日の入り ………… 165 | ファックス、ファクシミリ | 部長 ……………… 150 |
| 飛行機 …………… 110 | ひのき …………… 197 | …………… 146 | 普通列車 ………… 108 |
| 飛行場 …………… 110 | 日の出 …………… 165 | ファッションショー … 59 | 物価 ……………… 155 |
| 被告 ……………… 157 | ひばり …………… 194 | フィート(約30cm)… 169 | 仏教 ……………… 46 |
| 膝（ひざ）……… 183 | 皮膚 ……………… 183 | ブイヤベース …… 65 | 仏教徒 …………… 47 |
| ピザ ……………… 64 | ひまわり ………… 198 | フィルム ………… 133 | プッシュホン …… 146 |
| 肘（ひじ）……… 183 | 100円硬貨 ……… 178 | フィルムを入れる… 133 | 仏陀 ……………… 46 |
| ビジネスクラス… 110 | 100ドル紙幣 …… 179 | 風景画 …………… 132 | 物理 ……………… 143 |
| 美術館 …… 113・133 | 百科事典 ………… 131 | 風船ガム ………… 77 | 太い（厚い）…… 176 |
| 非常食 …………… 125 | 秒 ………………… 168 | 風速 ……………… 169 | ぶどう …………… 76 |
| ビタミン剤 ……… 214 | 美容 ……………… 58 | ブーツ …………… 51 | 武道 ……………… 123 |
| 左 ………………… 170 | 美容院 …………… 58 | 夫婦 ……………… 20 | 不動産屋 …… 88・89 |
| 左から5番目 …… 173 | 評決、判決 ……… 157 | ふうん …………… 34 | 太もも …………… 183 |
| 左下 ……………… 170 | 表札 ……………… 90 | フェレット ……… 189 | ふな ……………… 193 |
| 左回りに ………… 171 | 美容師 …………… 148 | フォーク ………… 86 | 不満である ……… 28 |
| 左横 ……………… 170 | 病状 ……………… 209 | フォンデュー …… 65 | 踏切 ……………… 112 |
| 筆記用具 ………… 145 | 秒速 ……………… 169 | 部下 ……………… 152 | 冬 ………………… 166 |
| 羊 ………………… 191 | ひよこ …………… 195 | 不快指数 ………… 203 | フライドチキン … 65 |
| 必修科目 ………… 141 | ヒリヒリする …… 211 | 深い鍋 …………… 87 | フライトナンバー … 110 |
| ひったくり ……… 217 | ビリヤード ……… 134 | 部活動 …………… 141 | フライパン ……… 87 |
| ヒットチャート … 127 | 肥料 ……………… 199 | 吹替版 …………… 129 | ブラインド ……… 96 |
| ヒップ …………… 56 | ピル ……………… 215 | 不況 ……………… 159 | ブラウス ………… 48 |
| ビデオ …………… 99 | 昼下り …………… 165 | 拭く ……………… 40 | ブラジャー ……… 50 |
| ビデオカメラ …… 99 | 昼寝する ………… 38 | ふぐ ……………… 73 | ブラジリア ……… 181 |
| ビデオ鑑賞 ……… 135 | 披露宴 …………… 42 | 副社長 …………… 150 | ブラジル ………… 181 |
| ひとかたまりの… 169 | 広場 ……………… 113 | 服装のひとそろえ … 49 | ブラックホール … 205 |
| ひと切れの ……… 169 | ピンク …………… 174 | 腹痛 ……………… 210 | フラッシュ ……… 133 |
| 人質 ……………… 217 | 貧血 ……………… 213 | ふくらはぎ ……… 183 | ブラッドストーン … 53 |
| ひと束の ………… 169 | | 府県 ……………… 180 | プラットホーム… 109 |

# index

| プラネタリウム …… 205
| フランクフルトソーセージ
| ……………… 70
| フランス ……… 181
| フランス料理店 …… 82
| ブランデー ……… 79
| ブランド品 …… 59
| ぶり ……………… 73
| フリージア …… 199
| ブリーフ ………… 50
| プリン …………… 77
| プリンター …… 147
| 古本 …………… 131
| 古本屋 ………… 131
| ブレスレット … 52
| フレックスタイム … 153
| フロアランプ …… 97
| ブローチ ……… 52
| プログラマー … 149
| ブロッコリー … 69
| フロッピーディスク … 147
| 風呂に入る …… 39
| プロポーズ …… 42
| プロム ………… 141
| フロント ……… 116
| フロントガラス …… 104
| 分 ……………… 168
| 噴火 …………… 203
| 文学史 ………… 130
| 文学賞 ………… 131
| 文化祭 ………… 141
| 文豪 …………… 131
| 紛失 …………… 216
| 文鳥 …………… 188

## へ

ヘアスタイル ……… 58
塀 ……………… 91
米寿（の祝い）… 44
平野 …………… 200
ベイリーフ ……… 81
ベーコン ………… 70
ベージュ ……… 175
北京 …………… 181
ベスト …………… 48
ベストセラー …… 131
へそ …………… 183
別居 …………… 43
別荘 …………… 90
ベッド …………… 95
ベッドカバー …… 95
蛇 ……………… 191
ベビーカー ……… 55
ベビーサークル …… 55
ベビーベッド …… 54
ベビー用品 ……… 54
部屋の温度 …… 117
ベランダ ………… 93
ペリドット ……… 53
ベルト …………… 53
編曲 …………… 127
弁護士 ………… 148
変質者 ………… 217
編集者 ………… 160
便通 …………… 185
弁当 ………… 61・125
便秘 …………… 213

## ほ

保育園 ………… 138
保育士 ………… 149
貿易 …………… 155
望遠レンズ …… 133
放火 …………… 217
法学 …………… 143
放送 …………… 161
包帯 …………… 215
包丁 ……………… 86
法廷 …………… 157
報道 …………… 161
暴騰 …………… 159
報道写真 ……… 132
放任主義 ………… 41
放物線 ………… 177
暴落 …………… 159
法律 …………… 156
ボウリング …… 134
ほうれんそう …… 68
ボーナス ……… 153
ホームページ … 147
ボール …………… 87
ボールペン …… 144
牧羊犬 ………… 189
保健室 ………… 139
保険証 ………… 209
保健体育 ……… 143
保護者 …………… 22
誇らしい ………… 25
誇り ……………… 25
母子家庭 ………… 43
干す ……………… 40
ポスト ………… 119

細い（薄い）…… 176
保存する ……… 147
保存料 …………… 81
ポタージュ ……… 85
ほたて貝 ………… 73
蛍 ……………… 195
ボタン …………… 57
ボタン穴 ………… 57
北極海 ………… 201
ホック …………… 57
ホッチキス …… 145
ポット …………… 87
ホットドッグの屋台 … 83
ポップス ……… 126
ボディースーツ … 50
ポテトフライ …… 65
歩道 …………… 113
歩道橋 ………… 112
哺乳びん ………… 54
哺乳類 ………… 191
骨 ……………… 183
骨なし胸肉 ……… 71
ポプラ ………… 196
ほほえむ ………… 26
ほめる …………… 41
ホモ牛乳 ………… 75
保養 …………… 120
ポリエステル …… 49
ボルシチ ………… 65
ホロホロ鳥 ……… 71
本社 …………… 152
本棚 ……………… 94
盆地 …………… 201
本当？ …………… 34
ポンド（約453g）… 169

235

## さくいん

| | | | |
|---|---|---|---|
| ボンネット 104 | 祭り 47 | 味方 23 | ミリ 168 |
| 翻訳 131 | 窓 91 | 三日月 205 | ミレー 133 |
| | 窓(観音開き) 95 | みかん 76 | 民事事件 157 |
| **ま** | 間取り 93 | 右 170 | 民事訴訟 156 |
| マーガリン 75 | マドリッド 181 | 右から3番目 173 | ミント 81 |
| マイクロバス 106 | マナー 85 | ミキサー 98 | 民謡 127 |
| 迷子になる 217 | まな板 87 | 右下 170 | |
| 埋葬する 45 | 真夏 167 | 右横 170 | **む** |
| 毎日 165 | 学ぶ 139 | 神輿(みこし) 47 | ムール貝 72 |
| マイル(約1.6km) 169 | マニキュア 58 | 水 78 | 無鉛ガソリン 103 |
| 前 170 | まばたきをする 184 | 水色 174 | 麦茶 79 |
| 前売券 129 | マフラー 53 | 湖 201 | むく 66 |
| 前から2番目 173 | ままごとをする 55 | 水着 49 | 無罪 157 |
| 前払い 107 | 継父 43 | 水っぽい 63 | 虫刺され薬 215 |
| 枕 95 | 継母 43 | 水ぼうそう 213 | 無重力 205 |
| 枕カバー 95 | 豆 69 | 水枕 215 | 蒸す 67 |
| まぐろ 72 | 真夜中 165 | 水もれ 117 | 息子 21 |
| 孫 21 | マヨネーズ 81 | 水割り 79 | 娘 21 |
| マジック 145 | 丸ごとチキン 71 | みそ汁 61 | 胸 182 |
| ます 73 | マレーシア 180 | みぞれ 202 | 胸肉 71 |
| まずい 62 | まろやか 63 | 3日間 165 | 胸びれ 193 |
| マスコミ 160・161 | まわり道 113 | 緑 174 | 紫 174 |
| マスタード 80 | 満員 85 | 南 171 | |
| まず第一に 35 | 満月 205 | ミニカー 55 | **め** |
| 股上 57 | 満室 116 | 醜い 25 | 目 182 |
| 股下(またした) 57 | マンション 90・91 | 身につける、着る 53 | 冥王星 204 |
| 待合室 108・209 | 満足 29 | 身代金 217 | 名作 128 |
| 間違い 85 | 満足げに笑う 27 | 見晴らしのよい道路 105 | 命日 45 |
| 間違い電話 33 | 満足する 28 | 見舞い 209 | メインディッシュ 84 |
| 町役場 43 | 真ん中 172 | 耳 182 | メートル 168 |
| 松 196 | 万引き 217 | 耳鳴り 210 | 眼鏡 53 |
| 松かさ 197 | まんぼう 193 | みやげ店 115 | メキシコ 181 |
| まっこう鯨 193 | | 名字 121 | メキシコ・シティ 181 |
| 抹茶 79 | **み** | 未来 165 | 目薬 214 |
| マット 95 | 見合い結婚 43 | | 目覚まし時計 39 |

# index

| 目覚める | 38 |
| --- | --- |
| 雌しべ | 199 |
| メス | 189 |
| メゾネット | 91 |
| 目玉焼き | 65 |
| メニュー | 84 |
| めまいがする | 211 |
| メモ用紙 | 145 |
| メロディー | 126 |
| メロン | 76 |
| 綿 | 49 |
| めん | 60 |
| 面会時間 | 209 |
| 免税店 | 121 |

## も

| もう行ってもいいですか？ | 30 |
| --- | --- |
| 盲腸 | 212 |
| 盲導犬 | 189 |
| 毛布 | 95 |
| モーニングコール | 117 |
| 木星 | 204 |
| 目的地 | 109 |
| 木曜日 | 164 |
| もしもし | 32 |
| モスク | 46 |
| もっと大きい | 115 |
| もっと小さい | 115 |
| モニター | 146 |
| 物置 | 93 |
| 喪服 | 49 |
| 紅葉（もみじ） | 196 |
| もみの木 | 197 |
| 桃 | 76 |
| ももひき | 51 |
| もやし | 68 |
| 森 | 197・200 |
| 盛りつける | 67 |
| 門 | 90 |

## や

| やあ！ | 16 |
| --- | --- |
| 八百屋 | 83 |
| 野外料理 | 125 |
| やかん | 87 |
| やぎ | 191 |
| やきとりの屋台 | 83 |
| 焼き増し | 133 |
| 野球 | 122 |
| 焼く | 66 |
| 薬剤師 | 149 |
| やけど | 213 |
| 夜行列車 | 108 |
| 優しい | 24 |
| 優しさ | 25 |
| やし | 197 |
| 夜食 | 60 |
| 休み | 153 |
| 休み時間 | 140 |
| 野鳥 | 195 |
| 家賃 | 89 |
| 薬局 | 215 |
| 野党 | 155 |
| 家主 | 89 |
| 屋根 | 91 |
| 屋根裏部屋 | 93 |
| 山 | 200 |
| やめてください | 31 |
| やり方を教えてください | 31 |
| 柔（軟）らかい | 177 |

## ゆ

| 遊園地 | 135 |
| --- | --- |
| 誘拐 | 217 |
| 有価証券 | 158 |
| 夕方 | 165 |
| 有罪 | 157 |
| 優勝 | 173 |
| 夕食 | 39・60 |
| 友人 | 23 |
| 優先席 | 107 |
| 郵送する | 119 |
| 夕日 | 201 |
| 郵便受け | 90 |
| 郵便局員 | 149 |
| 郵便料金 | 119 |
| UFO | 205 |
| ユーロダラー（EU） | 179 |
| 床 | 91 |
| 雪 | 202 |
| 油彩画 | 132 |
| 輸出 | 155 |
| ゆったりする | 26 |
| ゆでる、（湯を）わかす、煮る | 66 |
| 輸入 | 155 |
| 指しゃぶり | 55 |
| 指輪 | 52 |
| ゆり | 198 |
| ゆりかご | 55 |
| 湯わかし器 | 98 |

## よ

| 夜明け | 165 |
| --- | --- |
| ようこそ | 17 |
| 幼稚園 | 138 |
| 幼稚園教諭 | 149 |
| 腰痛 | 210 |
| 羊肉 | 70 |
| 洋服だんす | 94 |
| 羊毛 | 49 |
| ヨーグルト | 75 |
| 預金 | 118 |
| 浴室 | 92 |
| 横 | 170 |
| 予算 | 117 |
| よだれ | 185 |
| よだれ掛け | 54 |
| 酔っぱらい運転 | 105 |
| 与党 | 155 |
| 予備校、塾 | 139 |
| 夜ふかしをする | 38 |
| 予防接種 | 209 |
| 読み込む | 147 |
| 予約 | 85・116 |
| 予約席 | 85 |
| 夜 | 165 |
| 喜ぶ | 26 |
| よろしく | 17 |
| 弱火 | 67 |

## ら

| ラード | 75 |
| --- | --- |
| ラーメン | 64 |
| ライオン | 190 |
| 来客用寝室 | 93 |

237

# さくいん

| 来月 | 167 |
| --- | --- |
| 来週 | 165 |
| ライバル | 23 |
| ライブ | 127 |
| らくだ | 191 |
| ラグビー | 122 |
| ラジオ | 99 |
| ラジカセ | 99 |
| 落花生 | 74 |
| ラッコ | 192 |
| ラップトップコンピュータ | 146 |
| らん | 198 |
| 乱気流 | 111 |
| ランキング | 127 |
| ランジェリー | 51 |
| ランドリーサービス | 117 |
| ランプ | 97 |

## り

| 利益 | 155 |
| --- | --- |
| 陸上競技 | 122 |
| 離婚 | 43 |
| 理事長 | 151 |
| りす | 189 |
| リストラ | 153 |
| リズム | 126 |
| 利息 | 118 |
| リットル | 104 |
| 離乳食 | 54 |
| 流感 | 213 |
| 流行遅れの | 59 |
| 流行の | 59 |
| 流星群 | 205 |
| 流通 | 158 |
| リュックサック | 125 |
| 寮 | 90・91 |
| 理容院（床屋） | 58 |
| 両替 | 118・178 |
| 料金所 | 102 |
| 猟犬 | 189 |
| 漁師 | 149 |
| 領収証（受け取り） | 115・179 |
| 両親 | 20 |
| 両生類 | 191 |
| 両面焼き | 65 |
| 料理する | 40 |
| 料理長 | 151 |
| 料理用レンジ | 87 |
| 緑茶 | 78 |
| 旅行会社 | 121 |
| 旅行者 | 120 |
| 旅費 | 121 |
| 離陸 | 111 |
| りんご | 76 |
| 隣人 | 23 |
| 倫理学 | 143 |

## る

| ルームキー | 117 |
| --- | --- |
| ルームサービス | 117 |
| ルームナンバー | 117 |
| 留守番電話 | 33 |
| ルビー | 53 |
| ルノワール | 133 |

## れ

| 礼儀正しい | 19 |
| --- | --- |
| 冷湿布 | 215 |
| 冷静な | 29 |
| 冷蔵庫 | 98 |
| 冷凍庫 | 98 |
| レイヨン | 49 |
| レインコート | 49 |
| 歴史学 | 142 |
| 歴史小説 | 130 |
| レギュラーガソリン | 103 |
| レジ | 115 |
| レタス | 68 |
| 列車 | 108 |
| レバー | 71 |
| レポーター | 160 |
| レモン | 76 |
| 恋愛結婚 | 43 |
| 恋愛小説 | 130 |
| 練習する | 123 |
| 練乳 | 74 |

## ろ

| 廊下 | 91 |
| --- | --- |
| 老人性痴呆症 | 213 |
| ローマ | 181 |
| ろ過装置付きコーヒーわかし | 79 |
| 6月 | 166 |
| 六角形 | 177 |
| ロケット | 205 |
| ロケット打ち上げ | 205 |
| 路線 | 107 |
| 路線バス | 106 |
| ロック | 79・126 |
| ロッククライミング | 124 |
| ロッジ | 125 |
| ろば | 190 |
| ロビー | 116 |
| ロブスター | 72 |
| ロンドン | 181 |

## わ

| ワープロ | 146 |
| --- | --- |
| ワイシャツ | 48 |
| ワイン | 79 |
| ワイングラス | 87 |
| ワインセラー | 93 |
| 和菓子屋 | 83 |
| 若者 | 22 |
| 脇 | 183 |
| 脇役 | 129 |
| わさび | 81 |
| わし | 194 |
| ワシントン | 181 |
| わずらわしい | 25 |
| 私 | 18 |
| 私たち | 18 |
| 私たち（みんな） | 18 |
| 私に任せてください | 31 |
| わに | 191 |
| 笑う | 26 |
| ワンピース | 48 |

●著者プロフィール
## 桑原功次（くわばら　こうじ）
慶応義塾大学経済学部卒。世界70余か国10万キロを走破、その体験を生かした英会話の教え方には定評がある。現在、グレイス英会話スクール校長、グレイス・インターナショナル・コーポレイション代表取締役。
安全で確実な語学留学（短期・長期）と、ホームステイをめざす人々を支援するための機関を日本とカリフォルニア州サンタバーバラに設立（グレイスインターナショナル）。きめ細かい指導で好評を得ている。
著書に『CDブック 耳で覚える はじめての英語』『CD付き はじめての英会話』『海外旅行の英会話集　これだけで大丈夫！』『CD付き ホームステイの直前英会話』『CD付き 中学英語をマスターして英会話をモノにする本』『CD付き これからはじめる英会話』（いずれもナツメ社）などがある。
〈グレイス英会話スクール〉
〒110-0002
東京都台東区上野桜木2-4-1

ナツメ社の書籍・雑誌は、書店または小社ホームページでお買い求めください。
http://www.natsume.co.jp

CDブック 耳で覚える
## はじめての英語単語集
2000年3月21日発行

| | | |
|---|---|---|
| 著　者 | 桑原功次 | ©Koji Kuwabara 2000 |
| 発行者 | 田村正隆 | |
| 発行所 | 株式会社ナツメ社 | |
| | 東京都千代田区神田神保町1-52　加州ビル2F（〒101-0051） | |
| | 電話　03(3291)1257(代表)　　FAX　03(3291)5761 | |
| | 振替　00130-1-58661 | |
| 制　作 | ナツメ出版企画株式会社 | |
| | 東京都千代田区神田神保町1-52　加州ビル3F（〒101-0051） | |
| | 電話　03(3295)3921(代表) | |
| 印刷所 | ラン印刷社 | |

ISBN4-8163-2771-1　　　　　　　　　　　　　　　Printed in Japan
（定価はカバーに表示してあります）
（落丁・乱丁本はお取り替えします）

## CDでわかる！話せる！使える！

**CDブック　耳で覚える**
### はじめての英語
桑原功次=著　A5判　176頁　定価:本体1300円+税

**CDブック　耳で覚える**
### はじめての中国語
野村邦近=著　A5判　176頁　定価:本体1500円+税

**CDブック　耳で覚える**
### はじめての韓国語
李 昌圭=著　A5判　184頁　定価:本体1500円+税

**CDブック　耳で覚える**
### はじめてのフランス語
ファブリス・アルデュイニ+壷井恵子=著　A5判　176頁　定価:本体1500円+税

**CDブック　耳で覚える**
### はじめてのイタリア語
山内路江+クラウディア・オリヴィエーリ=著　A5判　176頁　定価:本体1600円+税

**CDブック　耳で覚える**
### はじめてのスペイン語
山内路江+ヴェディーニ・パルーマル=著　A5判　176頁　定価:本体1600円+税

**CD付き**
### はじめての英会話
桑原功次=著　A5判　224頁　定価:本体1300円+税

**CD付き**
### これからはじめる英会話
桑原功次=著　A5判　224頁　定価:本体1300円+税

**CD付き**
### 中学英語をマスターして英会話をモノにする本
桑原功次=著　A5判　224頁　定価:本体1600円+税